JN298916

シリーズ 教育の達人に学ぶ❸

子どもの考えを引き出す
山本昌猷の算数の授業の作り方

山本昌猷 著

黎明書房

まえがき

「あなたは，算数の授業，うまくできますか？」
「あなたは，算数の授業，うまく組み立てられますか？」
子どもたちから，「先生の授業，楽しいし，分かりやすいよ！」
そして，同僚から，「あなた，授業がうまいですね！」
このように，子ども・同僚から言われたら最高ですね。

ところが，授業というもの，なかなかうまくできないものですね。
　毎日，本職として授業を行っているのに，どうして授業がうまくできないのでしょうね。
　私も，40年間，授業と真摯に立ち向かってきました。
　でも，「今日の授業，最高だった」と言い切れる授業，何回あったでしょうか。
　それほど授業というものは，底の深い不思議なものです。

　授業がうまくなる修業の仕方・方法があります。
　40年間の実践を通して，「授業がうまくなる方策がある」と明言できるようになりました。

　本書の中で，私がつかんだ「授業力がアップする方策」を紹介したいと思います。
　・子どもを引き付ける授業を作るコツ
　・子どもの考えを引き出す方法
　・子どもたちの話し合いを組織化する方法など

私が実践を通して会得した，これらの方法・やり方・コツをすべて包み隠さず公開します。
　子どもを引き付ける授業の作り方。子どもが知的に燃える授業の進め方。また，考え上手な子の育て方。
　これらには，きっちりとした方法，やり方があります。
　厳しい実践の繰り返しの中から探り当てたものです。
　また，授業の作り方・授業の進め方の方法の裏には，意味や原理が隠れています。
　本書では，方法を支えている原理についても述べました。
　表面に現れている方法だけを吸収しても，本物の授業力量が高まらないからです。
　方法を支える原理をつかんでこそ，授業力量が高まります。
　本書を通して，それを支える原理を掌握されることを期待しています。

　学習指導要領も大きく変わりました。
　時代は，急テンポに変化しています。
　教育・授業の不変の原理を踏まえ，新しい教育・授業の創造が求められています。
　若い皆さんが，新しい教育・授業の創造に果敢に挑戦されることに大きな期待を寄せています。

　　平成23年8月

　　　　　　　　　　わいわいハウス塾長
　　　　　　　　　　学力向上コンサルタント　山 本 昌 猷

目　次

まえがき　1

第Ⅰ章　授業のうまい進め方　5

　　1　子どもを引き付ける導入の仕方　6
　　2　子どもの考えの引き出し方　13
　　3　子どもの考えのつかみ方　20
　　4　話し合いの組織の仕方　23
　　5　話し合いの広げ方　30
　　6　話の見える化　34

第Ⅱ章　算数大好きな子の育て方　39

　　1　算数おもしろ環境づくり　40
　　2　学習処理力を鍛える　45
　　3　読み取る力の育て方　47
　　4　記述・説明力を鍛える　50
　　5　「考え上手な子」に育てる　54
　　6　「算数大好きな子」に育てるために　60

第Ⅲ章　授業に生きる教材研究の仕方　61

　　1　算数科の特色を生かした教材研究の仕方　62
　　2　指導書を生かした教材研究の仕方　66

3　教材の根底に流れる考え方をつかむ教材研究　71
　　4　教科書比較を通した教材研究で豊かな授業を！　75
　　5　指導要領をもとに教材の確かな理解を！　80
　　6　教材の構造をとらえる教材研究　83

第Ⅳ章　授業づくりの作法　89

　　1　授業構想づくりのポイント　90
　　2　素材・問題の選び方　96
　　3　課題の設定の仕方　100
　　4　算数の学習の流れ　104
　　5　楽しい学習活動づくり　111
　　6　子どもが見える　114
　　7　思考の流れ図　119

第Ⅴ章　時代に対応した　　　　新しい授業づくり　125

　　1　指導内容の量と質の変化　126
　　2　大胆な授業改善の必要性　129
　　3　算数授業改善の方向　134
　　4　確かな算数力をつける「基本充実学習」（新提言）　139

あとがき　148

第Ⅰ章

授業のうまい進め方

　あなたは，授業のうまい先生ですか？
　「先生の授業，楽しいよ！」と言われる先生になりたいものですね。
　・子どもたちが，自然に授業に吸い込まれていく。
　・子どもの考えをうまく引き出す。
　・子どもの考えを生かしながら，うまく授業の流れに乗せていく。
　・そして，「わかった！」と学びの喜びの声が上がる。
　このような授業ができる教師になりたいものですね。

　「授業のうまい教師」になるためには，それなりのコツがあります。
　この章では，授業のうまい進め方のコツを紹介しましょう。

1　子どもを引き付ける導入の仕方

> 子どもたちに,「今日の勉強, おもしろそう!」と思わせる授業をしたいです。でも, なかなかうまくできません。どのようにすれば, 子どもを引き付ける導入ができますか?

◆子どもたちに,「楽しそう!」と思わせることが, 授業成功の鍵の1つですね。

◆「教科書を開きなさい。今日は, ○ページの問題をします。問題を読んでください」……このような授業の切り込みでは, 子どもたちに「楽しい!」と思わせることはできません。

◆問題の投げ方1つを変えるだけで, 授業に盛り上がりを持たせることができます。

◆導入には, 学習に興味を引き付けるだけではなく, もう1つの大きな役割があります。
　学習を進める手掛かり, 素地を作る役割です。
　既習の学習と結び付けながら算数の授業は, 展開されます。授業スタート時に解決の素地を振り返っておくことは, 授業展開に大きな関わりを持ちます。

授業が盛り上がる導入の工夫

① 子どもを引き付ける導入法
② 問題解決の素地を固める導入
　（「もどる土俵」が見える導入）

① 子どもを引き付ける導入法

○子どもたちに「今日の算数楽しそう！」と期待を持たせる導入の仕方には，いくつかの方法があります。

長年の実践を通して，「これは，おもしろい！」という方法をつかみました。それらを紹介しましょう

子どもを引き付ける導入法
(1) ズバリ，切り込む導入
(2) 見える導入
(3) 隠し型やフラッシュ方式の導入
(4) ブラックボックス方式の導入

---

(1) ズバリ，切り込む導入

○「比例の利用」（小6）を扱う授業の導入場面を考えてみましょう。
○（ア）「本箱を作るのに300本のくぎが必要です」
　　　　「300本のくぎを示せる方法を考えましょう」
　（イ）「本箱を作るのに300本のくぎが必要です」
　　　　「300本を数えないで，この箱に入れてください」
○（ア）の切り込み方をする授業が多く見受けられます。
　子どもたちからいろいろな考え方を出すために取られる方法です。
　子どもたちから，「数えればいい」「いや，数えない方法もあるはずだ」との考えを引き出すことをねらった導入です。
　一見すると，子どもたちからいろいろな考えが出そうだと思われます。
○私なら，即座に（イ）を選びます。
　「数えないで」という制限を加えて導入します。

「いろいろな方法を考えましょう」という切り込み方をすると,「数える」という考えからなかなか抜け出せません。

ズバリ「数えないで」という制限を加えると,子どもたちは,一瞬「えっ！」と驚きを感じます。

この「えっ！」という驚きが頭を刺激し,「どんな方法があるの？」と考え出します。

○「比例の利用」の学習で中心になる考えは,「数」を「重さ」に置換して本数を求めるところにあります。そのためには,「数える」という考えをズバリ断ち切った方が,「重さ」に着目しやすくなります。

このような「ズバリ導入」が,授業を焦点化しやすくなります。

(2) 見える導入

○子どもの関心を引く導入のコツは,「見える導入」にすることです。

「見えること」は,関心を持たせる上できわめて重要な働きをします。

お話だけの「見えない導入」では,子どもたちは燃えません。

○「見える導入」をする最も手軽な工夫は,物を使うことです。

物は,イメージづくりの手助けとなります。

○「おさらに,イチゴが5個のっています」と文章で問題を提示する。

イチゴの絵を見せながらイチゴの問題を提示する。

どちらの方が子どもたちは,問題場面を把握しやすいでしょうか。

さらに,本物のイチゴを見せながら問題を提示した場合はどうでしょうか。

はっきりしていますね。本物を見せながら提示した場合が一番,場面の把握が容易にできますね。

イメージのわかない事柄に対しては,学習意欲も解決の方策も生まれません。

子どもたちは,物を手掛かりにイメージを作ります。イメージがわく

と，考える内容の輪郭が分かり，学習に内容的な興味を持ちます。

(3) 隠し型やフラッシュ方式の導入

○見せたいものをあえて隠して提示します。

　長方形の直角に注目してほしい時，どのように提示しますか。

　　（ア）色画用紙を見せながら，

　　　　「何か気づくことがあるでしょう」と問いかける。

　　（イ）袋に長方形を入れ，少しずつ取り出し，

　　　　「何が出てくるのかな？」と問いかける。

○「見てほしいこと」「注目してほしいこと」は，隠して提示します。

　「見てほしいこと」を隠して提示すると，子どもたちは提示されたものに集中します。

　「見えないとよけい見てみたくなる」という心理をうまく使った導入法です。

○図形の提示，物の提示に威力を発揮します。図形等の学習に広く応用できる方法です。

○また，文章で問題を提示する場合にも応用できます。

　授業展開の中でキーになる数量，変化させて数理をつかませたい数を（かっこ）にして示します。

　たとえば，「ケーキが（　）こあります。お皿に（　）このこっています。」

　子どもたちは（かっこ）の中にどんな数が入るのか強く興味を持ち，思考をふくらませていきます。

○フラッシュ方式は，見せたいものを一瞬だけ見せて隠してしまう方法です。

たとえば，平行四辺形の面積を求める問題を本時のねらいとして授業を開始します。

平行四辺形を提示します。その時です。

平行四辺形を黒板に貼り，「この面積はどのように求めますか」と平板に授業に切り込むのか。それとも，ハッと驚きを入れて切り込むのか。授業への楽しさと集中度が変わります。

平行四辺形を一瞬だけ見せて隠します。

子どもたちは，「何だったの？」と教師の提示に集中します。

同様に2回目，3回目と繰り返します。子どもたちの集中力が途切れるので4回目の提示はありません。

これがフラッシュ方式の提示法です。

提示された平行四辺形を目を輝かせて見つめます。

そこで「この面積を求められますか」と問いかけます。

たったこれだけの演出で授業のリズムが一変します。

授業に驚きと楽しさが生まれてきます。

この方法は，導入法と言うよりも「導入テクニック」と言った方が適切かも知れません。

しかし，子どもを集中させる威力のある方法です。

見せたいものを一瞬しか見せない。

一瞬しか見えないから，本気になって集中して見ようとします。

○見たいものを隠して提示する。

見たいのに見えないから，隠れた物に興味を抱いて見ようとする。

見たいものを明確に見せない。見せないことで「見たい」という子どもの心理を揺さぶります。

○このように2つの方式は，表面的な形は違っていますが，子どもの心理の揺さぶり方に共通したものがあります。

「フラッシュ方式」も「見せたいものを隠して提示する方式」にも子

どもの心をつかむ同じような原理が含まれています。

(4) ブラックボックス方式の導入

○教室にブラックボックスを1つ備えておくと便利です。
いろいろな場面で活用できます。
○左側から1つの三角形を入れます。
ピンポーンという音と共に右側から拡大された三角形を出します。
別の三角形を入れます。音と共に拡大された三角形を出します。
○「この不思議な器械，何をしているのでしょうか」と問いかけます。
拡大図（小6）の導入の場面です。
子どもたちは，左側から入れた三角形と右側から出てきた三角形を真剣な目付きで見入ります。
そして，2つの三角形の関係を調べ始めます。
○拡大図，縮図は，図形の関数です。
関数の学習に，ブラックボックスは威力を発揮します。
○三角形の弁別にも活用できます。
左側からいろいろな三角形を入れていきます。
右側からは，2つの辺の長さが同じ三角形しか出てきません。
「この箱，どのような三角形を通しているのでしょう」と問います。
子どもたちは，右側から出てきた三角形の共通点を見つけようと真剣になります。
○このように，ブラックボックスを活用した導入の仕方は，たくさんあります。
どうぞ，皆さんもブラックボックスを準備し，活用してみてください。

②　問題解決の素地を固める導入（もどる土俵）

○算数は，積み上げ指導の教科です。既習の事柄と結び付けて考えを作り上げます。その場の思い付きだけで考えを作り，新しい内容を習得していく教科ではありません。

○「ふりかえり」で，昨日までの学習でどのようなことを学んできたかを確かめます。今日の学習の素地を作るためです。

○私は，「もどる土俵」と名付けて，指導してきました。

　異分母のたし算の問題が，本時の学習の目玉だとします。

　異分母の計算の仕方を解決するには，解決の手掛かりが得られるところ，つまり既習の同分母の計算へ戻って解決の糸口を見つけなければなりません。これが，「もどる土俵」です。

○ですから，導入時には，それとなく「もどる土俵」を提示しながら行います。

○「今日のお勉強は，分母の違うたし算の仕方を考えます」

　「分母の同じ分数の計算は，できましたね」

　「この考えをうまく使って分母の違うたし算ができないか考えてみましょう」

　このような導入では，解決の見通しを立てたり，図などを使ったりして考えを練り上げようという学習意欲がわいてきません。

○導入時，それとなく同分母のたし算の問題に触れさせておけば，「異分母のたし算も分母を同じにさえできれば，計算できるのではないか」という見通しを持たせることができます。

○導入のポイントは，「もどる土俵」をそれとなく布石しておくところにあります。「もどる土俵」さえ見えれば，新しい問題の解決への見通しを持たせることができます。

　「もどる土俵」の布石をした導入が，授業成功のコツです。

2　子どもの考えの引き出し方

> 子どもたちは，算数に興味を持ち，いろいろな考えを持っているのですが，それをうまく引き出せません。
> どのような手立てをすれば子どもの考えが引き出せるのですか？

◆授業とは，子どもの考えを引き出し，子どもたちの考えを組織する話し合いを進め，子ども同士で考えを高め広め合う知的活動です。

◆そこで，最初の難関は，子どもたちの考えをどのようにして引き出すかです。

　授業展開の中でいつも悩むところですね。

◆子どもの考えを引き出す最も重要な鍵は，発問です。

　子どもたちが考えていることに，ズバリ的中した問いかけが投げられると，子どもたちは，問いかけに乗って考えを出してきます。

◆では，どのような発問が子どもたちの考えを引き出すのでしょうね。発問に関して少し語ってみましょう。

子どもの考えを引き出す鍵・発問

① 「タテの問い」と「ヨコの問い」があります。
② 「広める問い」と「まとめる問い」があります。
③ 「ヨコの問い」が子どもの考えを引き出します。
④ 「ヨコの問い」を見つけるには実践の修業が必要です。

① 「タテの問い」と「ヨコの問い」

○日々の授業展開の中で何気なく行っている「発問」。

「発問」には，2つのタイプがあります。
○「タテの問い」と「ヨコの問い」
の2つのタイプです。
どのタイプの問いがよくて，
どのタイプの問いがよくない，
という分け方ではありません。
2つのタイプの問いは，
それぞれに違った働きをします。
2つのタイプの問いを上手に組
み合わせて授業を展開していくことで，子どもの考えを引き出す発問
が生まれてきます。

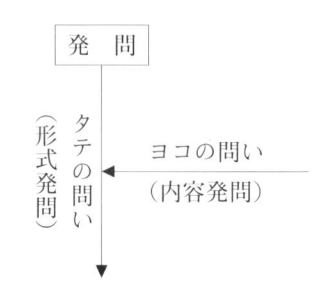

```
            発　問
              │
タテの問い ←── ヨコの問い
(形式発問)     (内容発問)
              ↓
```

○「タテの問い」とは，直接型の問いです。

授業展開の中でよく使います。ストレート型の問いです。

たとえば，立式後に自然に尋ねる「どうしてこんな式になったの，お話してね」の問いかけは，「タテの問い」の典型例です。
○「タテの問い」は，「形式発問」とも言います。

「どうしてこんな式になったの」という発問は，どの単元のどのような問題の時にでも使えます。単元の指導内容と関係なく使える問いかけです。だから，「形式発問」と言うのです。
○「タテの問い」（形式発問）には，子どもの思考を進め，授業を進める働きがあります。
○「問題を読む」→「式を立てる」→次に「立式の説明をする」のように問題解決の思考を進めると同時に，授業を次々と進めていく働きもあります。だから，日々の授業展開の中で頻繁に使われます。

○「タテの問い」は、指導している内容から探り出された問いではないので気軽に使えます。ですから、「タテの問い」だけでも授業を展開することができます。

しかし、「タテの問い」だけでは、授業に深みが生まれません。

○「ヨコの問い」は、「タテの問い」とは質が全く違います。

授業展開のその場面にしか使えない発問です。

○「ヨコの問い」は、「内容発問」と言います。

授業展開の内容に深く関わる発問です。

指導する内容からえぐり出された発問です。

指導内容をつかみ切っていること。

子どもの思考を読み切っていること。

これらの条件が備わらないと、輝きのある「ヨコの問い」(内容発問)は作れません。(P. 17参照)

② 「広める発問」と「まとめる発問」

○「タテの発問」「ヨコの発問」とは、別の働きをする発問があります。

「広める発問」と「まとめる発問」です。

授業展開の中であまり意識せずに自然に使っている発問です。

○「広める発問」の代表例は、「他の考えはありませんか」です。

授業の中でよく使われるでしょう。

特に、解決の方法が1つしか出てこない時。

また、確かな見通しが立てられない時。

一番うがった使い方をしている場合があります。

それは、発表した意見が間違っている時。

(「ズバリ間違っています」とは言えないので、「他にありませんか」と尋ねます。よく使われていますね。)

○「広める発問」は、「拡散発問」と言って授業の中ではきわめて重要

な働きをします。

1つの考え方に固まっている場合に「他の見方で調べられないのかな」と誘いかけます。

また，他の解決法を見つけさせたい時，「他の解き方ないのかな」とも誘います。

さらに，「いつでも使える考え方なのかな」と考えを広めるように誘いかけます。

これらは，すべて考えを広めさせようと働きかける拡散発問です。

○拡散発問によって，子どもたちはより一般化できる考え，より統合化できる考え方を見つけようと思考を展開させます。

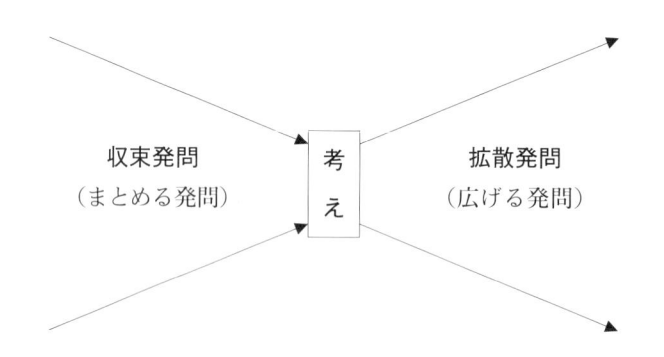

```
収束発問              考      拡散発問
（まとめる発問）       え    （広げる発問）
```

○「広める発問」（拡散発問）と逆な働きをする「まとめる発問」（収束発問）があります。

○日常の授業の中では，「これらの考えの中で一番いい考えはどれですか」と問う時です。収束発問の日常版です。

○「これらの中で共通していることは何ですか」
「これらの考え，1つにまとめられないのかな」
これらの収束発問で，子どもたちの考えを整理します。

③ 「ヨコの問い」の威力

○子どもたちの考えを引き出すキーとなる発問は，「ヨコの問い」（内容発問）です。
○問題を提示し，式を立てさせます。
　いくつかの式が出てきます。
　通常は，「どうしてこんな式になったのですか」と尋ねます。
　しかし，「どうして……」という一般的な形式発問では，子どもの考えていることをなかなか引き出せない場面が多いです。
○1年生の「3口のたし算」の場面。
　提示問題は，『A駅で4匹の犬，B駅で2匹の犬，そしてC駅で3匹の犬が乗りました。全部で何匹の犬が乗っているでしょう』です。
　子どもたちは，3つの式を作りました。
　（ア）4+2+3=9　（イ）5+4=9　（ウ）6+3=9
　さて，この立式の違いは，どのような問いかけではっきりできるのでしょうか。
　まず，B駅で乗った2匹の犬に名前を付けます。「太郎さん犬」と「次郎さん犬」とします。
　2匹の犬に名前をつけたところで，「黄金の問い」を発します。
　「太郎さん犬と次郎さん犬は，どこに乗っていますか」
　（ア）（イ）（ウ）のそれぞれの式のどこに太郎さん犬と次郎さん犬が乗っているか問うものです。
　（ア）の式では，「2のところに乗っています」。（イ）の式では，「5と4とに分かれて乗っています」。さらに，（ウ）では，「6のところに乗っています」と指差しながら子どもたちは答えます。
　「ヨコの問い」の威力を示す典型的な事例です。
　（この実践例は，拙著『山本昌猷のこうすればうまくいく授業づくり

の知恵と技』（黎明書房）に詳しく紹介しました。ぜひご参照ください。）

○別の実践例をあげてみましょう。
○合同な三角形の描き方（小5）を学習した後，合同な四角形を描く学習があります。
　通常は，「どうしたら，合同な四角形が描けますか」と問いかけます。しかし，この問いかけでは，何をどうしたら描けるかの見通しが持てません。
　そこで，一ひねりした問いかけを工夫します。
　「あと1つ，どの長さが分かれば描けますか」と問いかけます。
　子どもたちは，対角線で四角形を分割し，難なく解決しました。
○子どもたちは，四角形は，4つの辺の長さが分かれば描けると考えます。
　この教材のポイントは，三角形に分割する発想を培うことです。
　「あと，どの長さが分かれば……」と問いかけることによって，対角線に着目させられます。
○このように内容からえぐり出してくる発問が，子どもたちの考えを引き出す強烈な攻めとなります。
　ところが，そんなに簡単に内容発問は，見つけられません。
　丁寧な実践を積み上げていく中で少しずつ見えてくるようになります。

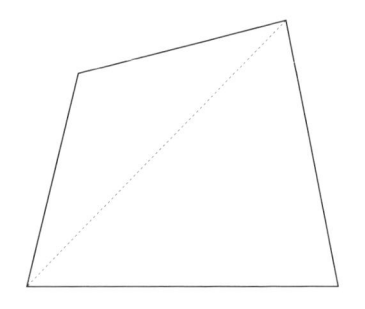

④　内容発問さがしの修業

○「ヨコの問い」は，学習内容と深く関わり，きわめて具体性に富んだ

問いです。しかも，子どもたちの心にストンと落ちる言葉です。
　子どもの心に落ちる言葉の使い方はなかなかつかめません。教師の頭の中でひねくり回していても生まれてくる言葉ではありません。
○日常生活の中で，子どもたちにストンと落ちる言葉に出会った時，即メモを取り，日々累積していくことが大切です。
○私が初めて低学年を担任した時のことです。子どもたちが水道の水を無駄にジャージャーと出すので困っていました。
　その時，低学年のベテランの先生は，「鉛筆の太さで出すのよ」と一言声を掛けられました。子どもたちは，その言葉かけで一変しました。私は，「ヨコの問いの秘訣は，これだ！」と会得しました。
○授業のこの場面で何について問うべきか。
　「発問の核」になることは，教材分析から探ることができます。
　しかし，どのように問いかければ子どもたちにストンと落ちる問いかけになるかは，教材分析からだけでは見つかりません。
　教材分析から探り出した「発問の核」をもとに一ひねりしなければ，内容発問はつくれません。具体性に富んだ子どもたちにストンと落ちる発問とはなりません。
　一ひねりのヒントは，日常の生活観察を通して見えてきます。

```
┌─────────┐                              ┌─────────┐
│ 発問の核 │──〇〇〇─一ひねり─────│ 内容発問 │
└─────────┘            ↑             └─────────┘
                   日常の生活観察
```

3　子どもの考えのつかみ方

> 子どもたちのいろいろな考えをうまくつかめません。
> 子どもの考えをつかむ何かいい手立てはありませんか？

◆授業展開の中で子どもたちが，どのような考えを持ったかを把握することは，授業を組織する上で欠かせないことですね。

　ところが，何の準備もなしで子どもの考えを把握しようとしてもできるものではありません。

　子どもの考えを的確に把握するには，事前にそれなりの準備が必要です。

◆子どもの考えを把握する上で不可欠な手立ては，事前に子どもたちの思考の流れを読み込んでおくことです。

　「思考の流れ図」の作成法と事例は，本書の第Ⅳ章で紹介します。

　ここでは，「思考の流れ図」を活用した子どもの考えの把握の仕方について語りましょう。

子どもの考えのつかみ方

① 「考えのリスト表」を作る。
　　・「思考の流れ図」を活用して
　　・子どもの学習処理の力も加味して
② 机間支援の時間を活用してチェックする。
　　・チェック表を話し合いの組織化に活用する

① 子どもの「考えのリスト表」づくり

○子どもたちは，考えを無造作に組み立てるのではありません。それなりの筋道を持って，考えを組み立てていきます。
○ただ，何をどのように結びつけて考えを組み立てるかは同一ではありません。
　だからこそ，事前に，何と何とを関係づけて考えを作ろうとするかを読み上げておく必要があるわけです。
○「考えのリスト表」づくりの例をあげてみましょう。
　（第Ⅳ章の「速さの学習」を例として取り上げます。）
○P.120をご覧ください。
　（課題）　距離も時間もちがうAとCのどちらが速いのだろう
　この課題に対して6つの比べ方をすることが読み取れます。
　（アの1）距離を公倍数で揃え（600m），時間の差で比べる。
　（アの2）1mあたりのかかった時間で比べる。（時間÷距離）
　（イの1）時間を公倍数で揃え（180秒），距離の差で比べる。
　（イの2）1秒あたりの走った距離で比べる。（距離÷時間）
　（ウ）比べやすくしてみる。（数操作をして簡単な数に直す）
　（エ）ひき算をして比べる。（間違った考え）
○「思考の流れ」から6つの比べ方をすることが予測できます。
　この6つの考えを「考えのリスト表」の横軸にします。
○次に縦軸には，子どもの学習処理力のランクを考えます。
　（A）自分の考えを理路整然と話せる力がある。
　（B）何とか自分の考えを相手に伝えることができる。
　（C）自分の考えを伝えることに支援が必要である。
　（D）説明することがきわめて苦手である。
○「思考の流れ図」から導き出した6つの考えを横軸に，子どもの学習

処理力の見極めを縦軸に取り,「考えのリスト表」を作成します。

「速さ比べ」の考えのリスト表

	アの1	アの2	イの1	イの2	ウ	エ
A						
B		(子どもの氏名のみを記入します)				
C						
D						

② 「考えのリスト表」の活用方法

○子どもたちが「速さ比べ」の作業を開始します。
　教師は,机間支援を行います。
○最終の机間支援の際に「考えのリスト表」に誰がどの考えをしていたか氏名を記入します。特別おもしろい考えがあった場合には,その考えをメモします。
○考えを読み込んだ表があるので,考え方を細かく書き込む必要はありません。氏名だけを記入します。短時間でできます。
　実は,短時間でできるところが大切なポイントです。
○座席表等を使って,子どもの考えを書き込んでいる授業光景を目にすることがあります。時間が掛かり過ぎて,ほとんどの場合,中途半端に終わることが多いようです。
○次の項で述べますが,この方法は,話し合いの組織化にも威力を発揮します。

4　話し合いの組織の仕方

> 子どもたちは，自分の考えをよく発表してくれます。しかし，子どもたちの話し合いをうまくつなげられず，授業に深みを持たせられません。
> 何かいい方法はありませんか？

◆子どもたちの話し合いをつなげ，より深い考えを引き出していく。教師として一番楽しい授業場面です。

　ところが，子どもの考えをつなげた，深みのある話し合いは簡単には組織化できませんね。

◆授業展開の中で一番教師の腕が試されるのは，話し合いを組織していく場面です。教師みんなが，それぞれに苦労し工夫をしている事柄ですね。

◆子どもの話し合いを組織化していく上で，大まかな手順があります。その原則的な流れをつかんでいれば，深まりのある授業ができるようになります。

話し合いの組織の仕方

① 話し合いのねらいを明確にする。
② 自分の考えを明確にする。
③ 多様な考えをグルーピングする。
④ 教師の出場のタイミングを工夫する。
⑤ ゴールが見える話し合いの組織化を図る。

① 話し合いのねらいを明確にする

○近年「算数科における言語活動の充実」が叫ばれ，その影響が現場に現れています。

どの教室の算数学習を参観しても，必ず「話し合い」「学び合い」の時間が取られています。しかも，指導案の流れの中にもきっちり「学び合い」と明記されています。

算数科での言語活動の充実を重視している様子が分かります。

○ところが，何のための，何を明確にする話し合いなのか。何を学び合うのか。話し合い，学び合いのねらいがはっきりしていません。

○同じような考えの発表，意見交換が繰り返される。時には，いろいろな考え方の発表だけが長い時間継続され，最後に教師が「まとめ」を板書して終わる授業にも出会います。

○時代の流れから「言語活動の充実」というスローガンを掲げるのは結構なのですが，「話し合い」「学び合い」のねらいを明確にしておかないと，授業が「おしゃべり会」として終わる危険性があります。

○「話し合い」「学び合い」のねらいは，子ども同士の意見交換を通して，思考力を高め，数学的な考え方を深く理解させるところにあります。決してたくさんの発表を求めているものではありません。

○今一度，「話し合い」「学び合い」を通して，どのような数学的な考え方・見方に到達させることを目的としているのか。「話し合い」「学び合い」のねらいを明確にすることが重要です。

② 自分の考えの明確化

○自分の考えを明確にすることが，全体討議の出発点です。

どのような話し合いでも，自分の考えがはっきりしていなければ討議になりません。

○理路整然と自分の考えが述べられなくても,「何となくこのように思う」程度の考えでもいいのです。
　とにかく,まずは自分の考えを持つことが,話し合いの原点です。
○皆の考えを見えるようにします。
　通常の授業場面では,全体討議の前に,小黒板等でいくつかの考えが示されます。
○どの子の考えを前面に出させるかに関しては,机間支援の時,あらかじめ作戦を練り上げておきます。(この作戦の練り上げが話し合いを組織化していく上でのキーとなります。前述した「考えのリスト表」を活用して練り上げます。)
○自分の想いを表示させます。
　黒板に示された考えのどの考えと同じか。または,似ているのかをはっきりさせます。ネームプレートなどを貼り,意思表示させます。
　自分の考えが小黒板に示された考えと同じか違うか判別するには,友達の考えの内容把握ができることが前提になります。
○「質問タイム」を取り入れます。
　よく行われる方法は,小黒板に示された子の発表を順次行わせる方法です。
　相手の考えを理解することを前提として行われますが,聞き手にとっては主体性のない一方的な語りとしか受け止められません。
　そこで,「質問タイム」をとります。
○「同じ考えはどれか」「違う考えはどれか」を判別する上で,内容のはっきりしない考えに対して質問します。
　一方的な発表とは違い,判別するための説明ですから,聞き手も真剣になります。話して分かってもらいたいとの意思が働き精一杯理路整然と説明しようとします。
○「質問タイム」によって,話し合いが単なる「おしゃべり会」ではな

くなります。
○自分の考えの判別を皆に尋ねます。

自分の考えがどの考えの仲間に入るのか自分で判別できない場合もあります。

そのような時，皆に尋ねることも話し合いを活発化させるチャンスとなります。

「私の考えは，このようなのですが，どの考えの仲間に入れればいいのですか」とみんなに尋ねます。

みんなが，その子の考えに集中します。判別の集中を通して，小黒板に示された考えの違いをはっきりさせる観点に気付き始めます。
○自分の考えの明確化が，全体討議に参加する前提土俵となります。

「質問タイム」を持ったり，判別を尋ねたりすることなどを通して，自分の考えは，どの考えの仲間に入るか明確になります。

③　多様な考えのグルーピング

○「考えの明確化」の次に「多様な考えのグルーピング」へ進めます。

小黒板に示されているいくつかの考えの中から，違っているように見えるけれど「同じ考えになる」仲間を集めさせます。
○すぐに「考えの同じ仲間」を見つけられない場合，「バズ法」の話し合いを入れます。

この場面では，グループバズが適切です。グールプ内で統一の結論を求めるのではなく，どこに着目して考えれば「同じ考えの仲間」を集められるか，仲間集めの観点に気付かせることをねらいとするからです。
◎話し合いの組織化について，事例を通して考えてみましょう。

〔事例〕「三角形の求積」

・三角形の求積学習では，次の4つの求め方が出ます。

（ア）三角形をすっぽり長方形で囲む（長方形，倍積法）
（イ）三角形の高さを半分にして長方形にする（高さ半分，等積法）
（ウ）三角形の底辺を半分にして長方形にする（底辺半分，等積法）
（エ）三角形を2つ合わせて平行四辺形にする（平行四辺形，倍積法）

- 「同じ考えの仲間集め」の話し合いでは，（ア），（イ），（ウ）は，長方形に変形しているので同じ仲間です。
- （エ）は，平行四辺形に変形しているので考え方が違います。
- まず，変形した形によっての仲間集めの意見が出ます。
- 話し合いを続けていると，別の仲間集めの意見が出始めます。
  （ア），（エ）は，変形している形は違うけれど，三角形の面積を倍にして求めています。
  （イ），（ウ）は，三角形の面積を変えずに求めています。
- 「変形する形の違い」か「面積を変える違い」か，仲間の集め方が分かれます。
- 話し合いは，紛糾しますが「どちらの求め方がいいか」の決め手がありません。
- そこで，教師の出場となります。
  話し合いの組織化には，教師の出場が重要な意味を持ちます。子どもたちだけに任せておくと話し合いが空転しかねません。

④　教師の出場のタイミング

○何で揺さぶるかが教師の出場の成否を決めます。
　歪な三角形の提示が教師の出場です。
　高さを決める頂点が三角形の底辺からはみ出した少し歪な三角形を提示します。

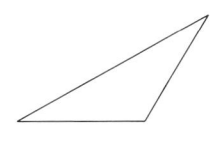

「この三角形の面積を，（ア），（イ），（ウ），（エ），4つのどれかの考えで求めてみましょう」と問いかけます。

長方形に変える考えが消えます。

三角形を2つ組み合わせ，平行四辺形に直して求める考えに一致します。

次に，三角形を2つ組み合わせてできた平行四辺形を基に面積を求める式を作らせます。

平行四辺形の面積の求め方は学習済みですから，簡単に「底辺×高さ÷2」を導き出します。

○どの場で，どのように教師が関わるかが話し合いの組織化の大きなポイントです。

学習する内容と話し合いの流れによって変わります。教師の鋭い即応力が求められる場面です。

⑤　ゴールが見える話し合いの組織化

○話し合いの最終ゴールは，きっちりした数理を導き出すことです。

「底辺×高さ÷2」が導き出されたところで，「（ア），（イ），（ウ），（エ）の考え方の式は作れますか」と式化することへ誘います。

（ア）の考えは，長方形の半分。（イ）の考えは，高さが半分。（ウ）の考えは，底辺が半分。（エ）の考えは，前と同じで，平行四辺形の半分。

4つの考えを式で表してみると，「底辺×高さ÷2」となります。

○数理を導き出した筋道を確かめ合います。

自分のやり方を式化し終えたところで，ネームプレートを見て，自分と同じやり方をしていた人とフリーバズします。

同じ式が導き出されていることを確認し合います。

○数理を全員で確認し合います。

第Ⅰ章　授業のうまい進め方

　４つのやり方について小黒板を使って発表させます。
　やり方は違っていても，どれも「底辺×高さ÷２」の式になることを確認し合います。
　そして，最後に「底辺×高さ÷２」を三角形の面積を求める公式としてきっちりおさえます。
○このように，話し合いのゴールは，数理を見つけ出し確認し合うことです。ゴールの不明な話し合いは，「おしゃべり会」となります。
　ゴールを見極めておくことが，話し合いに欠かせない重要な点です。
○「話し合いの組織化」には，定式はありません。
　学習する事柄，子どもの考えをつなぐ力によって多様な様相が生じます。その場，その場で組織化していく腕が教師に強く求められます。

（注）拙著『山本昌猷のこうすればうまくいく授業づくりの知恵と技』（黎明書房）には，「話し合いの組織化の流れ図」等も記載してあります。
　　　ご参照ください。

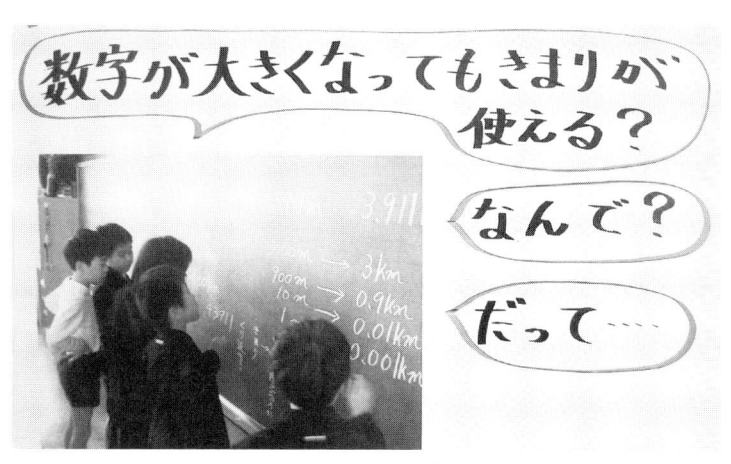

話し合いの組織化

5　話し合いの広げ方

> 子どもたちは，活発に話し合いをしますが，「もう一つ広がりがあれば……」といつも感じています。
> 話し合いを広げるコツは何ですか？

◆話し合いを広げる鍵は，教師の「ゆさぶり」にあります。
　子どもたちだけの話し合いに任せていても話し合いは広がりません。
◆どのような「ゆさぶり」を仕掛けるかは，子どもの思考の流れを読み込む段階で見えてきます。
◆事例を示しながら語ってみましょう。

```
            話し合いを広げるコツ

① 　ゆさぶりをかける。
② 　観点や場面を変えた問題を提示する。
③ 　考えの広げ方を教える。
```

① 　ゆさぶりをかける

○「学び合い」を大切にするため話し合い活動に多くの時間を費やし，1つの問題解決からまとめを導き出す授業が多く見受けられるようになってきました。
　1題の問題の解決だけで一般化したまとめを導き出す授業では，深い理解に到達させるにはいささか無理がありそうです。
○教材の深い理解を会得させるには，理解を確かなものにする「ゆさぶ

り」が欠かせません。
○「四角形の内角の和」(小5)を事例に考えてみましょう。
　四角形の内角の和は、対角線で2つの三角形に分割して求めます。「別の求め方はないだろうか」と解法を広める誘いかけをすると、四角形の内部に頂点をとり、4つの三角形に分割して求める方法を考え出します。

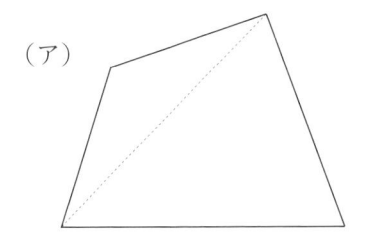

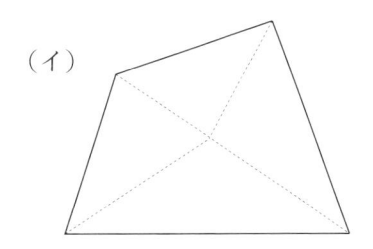

（ア）　　　　　　　　　（イ）

○（イ）の求め方まで考え出し理解を深めたのだから、四角形の内角の和に関しての学習は完全だと思い込みそうです。
○そこで、次のような「**ゆさぶり**」をかけます。

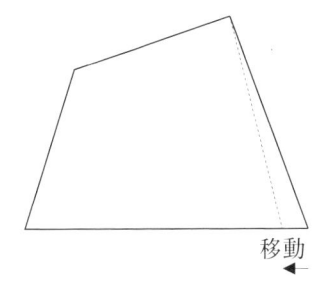

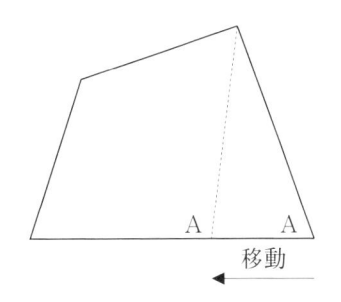

移動　　　　　　　　　　A　A
　　　　　　　　　　　　移動

1つの頂点を少しずつ移動し、「四角形の内角の和は？」と尋ねます。子どもたちから「360度よりも大きくなっている」との答えが返ってきます。
Aの角だけを見ていると大きくなったように感じるのでしょう。
これが、ゆさぶりの威力です。

②　観点や場面を変えた問題の提示

○算数の授業で話し合いを広げる方法には，2つの攻め方があります。
　1つは，「拡散発問」で誘いかけるやり方です。
　学習がまとまりかけたタイミングを見定めて，
　「他の場合でも使える考えだろうか」
　「他の解決の方法はないのだろうか」
　このように考えや解決方法を広げるように誘いかけます。
　子どもたちは，この誘いかけによって，新しい考え方や解き方を見つけようとします。
○新しい考え方や解き方を見つけようとする活動を通して，内容の理解を深めるとともに数学的な考えのより深い習得を図ることが，広げる活動のねらいです。
○もう1つの広げ方は，「このような問題でも適用できるのだろうか」と観点を変えた新しい問題を提示するやり方です。
○分かりやすい事例をあげてみましょう。
　「半円周の問題」(小5) です。

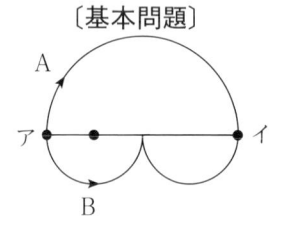

〔基本問題〕　　　　　　　〔少し広げた問題〕

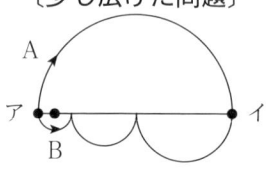

〔観点を変えた問題〕（曲線図形を直線図形に変換した問題）

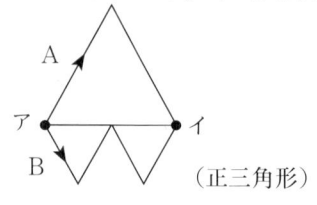

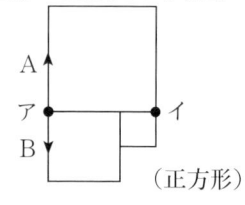

　　　　　（正三角形）　　　　　　　　　（正方形）

第Ⅰ章　授業のうまい進め方

○「半円の大きさと数」を変えた問題を提示します。
　この問題は，基本問題の理解ができていれば，あまり抵抗なく解決します。（直径の和×円周率÷2で求められるから，A＝Bである。）
○ところが，曲線図形を直線図形に変換した問題を提示します。
　子どもたちは，「こんな問題，できるの！」と一瞬驚きを見せますが，楽しんで挑戦します。
　そして，最後に「この問題もA＝Bになる！」と感激の声を上げます。
○このような広げ方をすると柔軟な思考力を養うとともに1つの問題から新しい数学的な考え方にも触れさせることができます。
　「発展問題」への基盤を培うこともできます。

③　考えの広げ方を教える

○「他の解き方はないでしょうか」
　「このような問題にも適用できるのでしょうか」
　このような考え方や解き方を広げる誘いかけに乗せるためには，日々の算数授業を通して，「考えの広げ方」を教えておく必要があります。ある日，突然に「広げる誘いかけ」を子どもたちに投げかけても，子どもたちは混乱するだけです。
○算数の指導に長期の見通しを持ち，子どもたちに，「考えの進め方」や「考えの広げ方」を少しずつ教え鍛えていく必要があります。

（注）「考えの進め方」「考えの広げ方」をどのように教えていくかについては，拙著『山本昌猷の「学びの技」を育てる学級づくりの知恵と技』（黎明書房）に詳しく紹介しました。ぜひご一読ください。

6　話の見える化

> 子どもたちは，自分の考えを活発に発表しようとします。しかし，なかなか友達に考えが伝わらないのです。
> 考えをうまく伝えるにはどうしたらいいのですか？

◆活発に発表しようとする構えができていることは，素晴らしいことですね。
　「進んで自分の考えを伝えよう」という気構えを築くことが学習を深める話し合いの前提条件ですね。
◆子どもたちの発表がうまく伝わらないのは，話し言葉の持つ特色と深く関係しています。
◆話し言葉は，目に見えませんね。
　話が見えない。
　このことが，せっかく発表していることが友達に伝わらない大きな原因です。
◆算数科でも言語活動が重視されるようになってきました。
　これらの動きも見極め，話し合い活動の効果的な進め方の手立てをつかんでおく必要がありますね。

「話の見える化」とその手立て

① 「話の見える化」とは
② 「話の見える化」の手立て
③ 算数科における言語活動の工夫

① 見えない話を見える話にする

○口から発する話し言葉は、空気中を飛び回り、目に見えません。
　目に見えないから、なかなか周りの友達に考えが伝わらないのです。
○人間が知覚する7割は、視覚を通して行われるとのことです。
　目を通して感知したことは、理解しやすいわけですね。
　ですから、相手に自分の考えを伝えるには、話が見えるような工夫を加えればいいわけです。
○たとえば、「この三角形の2つの辺の長さが同じですね」と言葉だけで話をしても、イメージしにくいですね。
　ところが、黒板に三角形を書き、2つの辺に印を付けながら話をします。たったこれだけのことで、相手に「2つの辺の長さが同じであること」を分かりやすく伝えることができます。
○空気中を飛んでいく、目に見えない話し言葉を何かの工夫で目に見えるようにすること。これが「話の見える化」です。
○相手に自分の考えを的確に伝えるポイントは、「話の見える化」にあります。
○授業展開の中で、「話の見える化」が意識されていない場合が多いようです。
　「この場面で、なぜ、図を示しながら発表させないのかな」
　「話し言葉のやり取りだけでは、考えが伝わらないだろうな」
　このように感じられる授業場面を多く見受けます。
○「子どもが話を聞いていないね」
　「話を聞き取る力が弱いからかな」
　このような会話をよく耳にします。
○「話の見える化」に関して強く意識し、子どもたちの考えをうまく引き出す工夫を試みませんか。

② 「話の見える化」の手立て

○子どもたちの話をどのようにすれば，見えるようにできるのでしょうね。

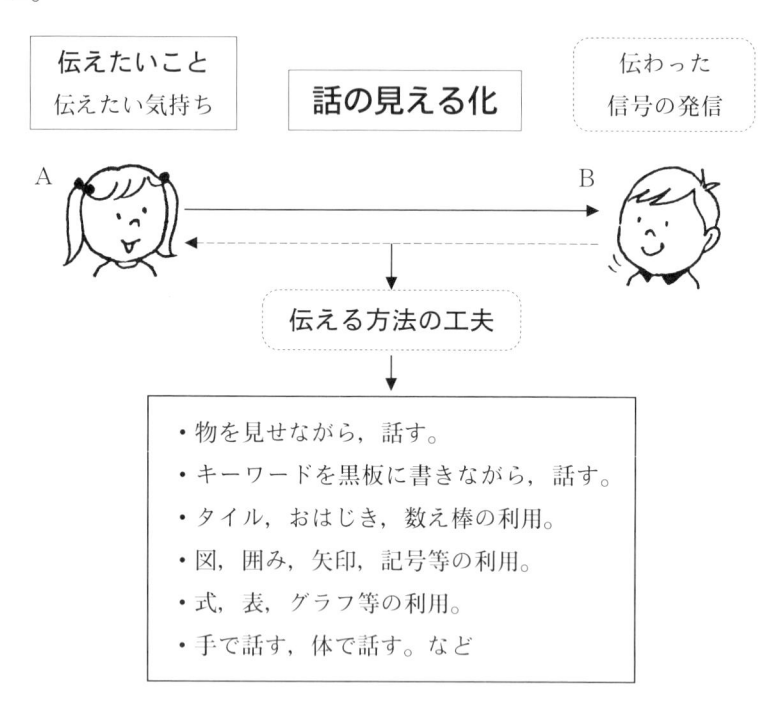

```
┌──────────────┐                    ┌──────────┐
│ 伝えたいこと    │    話の見える化      │ 伝わった   │
│ 伝えたい気持ち  │                    │ 信号の発信 │
└──────────────┘                    └──────────┘

     A ─────────────────────────────▶ B
       ◀─ ─ ─ ─ ─ ─ ─ ─ ─ ─ ─ ─ ─ ─ ─
              │
              ▼
      ┌──────────────┐
      │ 伝える方法の工夫 │
      └──────────────┘
              │
              ▼
```

- 物を見せながら，話す。
- キーワードを黒板に書きながら，話す。
- タイル，おはじき，数え棒の利用。
- 図，囲み，矢印，記号等の利用。
- 式，表，グラフ等の利用。
- 手で話す，体で話す。など

○「話の見える化」の最適な方法は，物を見せながら話すことです。
　「ここに，イチゴが5個あります」と言葉だけで話す。
　「イチゴが5個あります」とイチゴを見せながら話す。
　どちらが，イチゴがあることがはっきり伝わるでしょうか。
　本物のイチゴを見せながら話す方が明解に伝わりますね。
　話が見える最強の方策は，物を見せて話すことです。

○でも，いつも本物を提示できませんね。
　本物を代用するものがあります。

絵図です。
　イチゴ，5個を絵図で示す。低学年の算数学習でよく使用されています。
○絵図を描くには時間が掛かり過ぎる。
　そのような場合は，タイル，おはじき等を代用して5個を示します。話し言葉だけよりも明解に伝わりますね。
○線分図，テープ図，面積図等で大きさや広さを表す。
　グラフや表で変わり方を表す。
　これらも算数の学習に欠かせない「話の見える化」の手立てです。
○キーワードを書きながら話す。数やキーワードなどを囲み，矢印でつなげるなども事柄の関係を見えるようにする重要な手立てです。
○さらには，式も重要な見える化の手立てだということです。
　算数・数学の式は，立派な話・語りです。
　「式は，事柄の関係を話している」という感覚・センスを子どもたちにぜひ身に付けさせたいものですね。
○このように，「話の見える化」の手立ては，算数学習の中でごく当たり前のこととして行っていることばかりです。

　問題は，場に応じて子どもたちが多様な方法を使う習慣づけです。必要に応じ，黒板に図やグラフ，式をフリーハンドで書きながら説明する。
　このような活動を日常の算数学習の中にどんどん取り入れていくこ

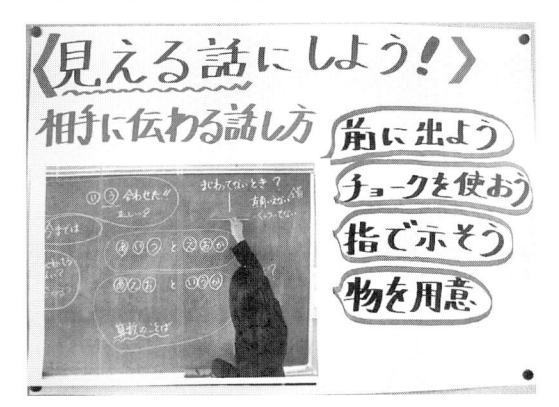

話の見える化

とです。
○私は，黒板を子どもたちに開放し，休み時間等に式や図を書く練習もさせました。チョークで文字や図などを書くことに慣れさせるためです。

③ 算数科における言語活動の工夫

○最近，算数科においても言語活動が重視されてきています。
　「算数科の言語活動！」と驚くことはありません。
　「話の見える化の手立て」のところで取り上げたような方法を授業の中で活用すればよいのですから……。
○たとえば，「Y は，X に比例している」という事実を表やグラフ等を使い，言葉で明確に説明できればいいのです。
　その時，言葉だけで説明しようとすると，筋道の通った説明がなかなかできません。
　だから，見える化の手立てであるグラフや表，式等を活用して説明させるようにします。
　子どもたちは，グラフや表など話す手掛かりさえあれば自分の考えや意見を筋道立てて説明できます。
○また，なぜ言語活動を重視するのかも理解しておく必要があります。
　言語活動を活発にすることは，話し合いを活発にすることを目的にしているものではありません。
○言語活動は，思考活動を活発にすることがねらいです。
　言語活動を通して，どれだけ数学的な見方・考え方を深められたかが重要な点です。言語活動を通して，思考力を高め，数学的な見方や考え方を深めることこそが重要な目的なのです。

第Ⅱ章

算数大好きな子の育て方

　　算数授業の一番の楽しみは，子どもたちが
　「算数の授業，おもしろい！」
　「算数のお勉強，大好き！」
と言ってくれることですね。
　　「好きこそ，ものの上手なれ」という言葉があるように，子どもたちを「算数大好きな子」に育てたいものです。

　　「算数大好きな子」に育てるには，まず，分かる・楽しい授業をすることです。
　　でも，授業を楽しくするだけでは，「算数大好きな子」に育てられません。
　　「大好き！」と言わせるには，きっちりした訓練も欠かせない指導のポイントです。
　　特に，「学ぶ力」を培わないと，子どもたちの算数力も伸びず，「算数大好きな子」に育ちません。
　　この章では，「なぜ？」「どうして？」と考えられる子，「算数大好きな子」を育てる指導のコツをお話しましょう。

1　算数おもしろ環境づくり

> 算数に興味を持たせるため，教室に「算数コーナー」を設けています。
> 他に楽しい算数環境づくりのアイディアはありませんか？

◆算数に興味を持たせるために「算数コーナー」を設けていることは，素晴らしいことですね。

　「コーナー」にどのような物を掲示されていますか。また，どのような物を置かれていますか。

　「子どものノート見本」「算数自由学習ノート見本」や「学習のまとめ」などの掲示がほとんど，という場合が多いですね。

◆算数に興味を持たせるには，お勉強臭い感じばかりのコーナー設定にならないようにする工夫も必要です。

◆おもしろ算数コーナーの例をいくつか紹介しましょう。

おもしろ算数コーナーの設け方

① 　ゲーム感覚で楽しめるコーナーづくり
② 　びっくり算数問題コーナーづくり
③ 　算数体感コーナーづくり

---

①　ゲーム感覚で楽しめるコーナーづくり

○教室の算数掲示を見ると，「算数のまとめ」「子どものノートコピー見本」の場合が多いようです。

学習の定着を図ったり，次の学習に生かしたり，また子どもたちに見本のまねをさせたりする上で効果があります。
○でも，もっと楽しい算数のしかけを持たせたコーナー設置もあります。
たとえば，「くり上がりのあるたし算」（小2）の例をあげてみましょう。
「たんけん・たし算」と命名し，3問の計算問題（問題数を少なくするところがコツ）用紙を何種類も印刷して，コーナーに置きます。
おもしろくするポイントは，答え合わせの仕方にあります。
問題用紙ごとに，「答えが隠されている場所」を印刷しておきます。
「答えは，下足場の右側にあるよ！」「トイレの手洗いにあるよ！」などと書いておきます。
子どもたちは，休み時間になると問題を置いてあるコーナーへ走り寄り，計算すると急いで下駄箱やトイレに行きます。
「答え，合っていたよ！」と息を弾ませて楽しげに話しています。
時には，校長先生にお願いし，「答えは，校長先生に見てもらって！」としておきます。
「校長先生にほめられたよ」と大満足の大声を上げます。
これは，私が2年生を担任した時の実践です。
「あなたの教室の子ども，何をしているの」と学校中で評判になった楽しい活動例です。
○実践のコツは，問題の場所と答え合わせの場所とを切り離すところにあります。いろいろな題材で楽しく実践を試みてください。
○もう1つ紹介しておきましょう。
教室の後ろの出入り口に「算数の関所」を設けます。
関所には，「算数の問いかけ」の札を掛けておきます。
「三角形の面積の公式は……？」（表，教室から出る時）
「底辺×高さ÷2，何の公式……？」（裏，教室へ入る時）

子どもたちは，休み時間になると教室から飛び出して行きます。
その時，「算数の関所」を通ります。
関所には，簡単な「問いかけ問題」が掛けられています。
子どもたちは，必死になって答えを言い，飛び出して行きます。
繰り返している間に，基本的な公式，用語，記号，きまりなどを楽しみながら覚えていきます。
5，6年生を担任した時も実施しました。
子どもたちは，楽しんで取り組んでいました。
○このような方法は，少し工夫すればたくさんのアイディアがわいてくると思います。

算数の関所

② びっくり算数問題コーナーづくり

○「象の重さをどのようにして量ったか」などの問題が，教科書や学習図鑑に出ていますね。
このような問題を時折掲示します。
子どもたちは，昔の人の知恵に驚きながら楽しく味わいます。
○「零（0）は，どのようにして発見されたの？」
「昔の人は，どのようにして数を数えたの？」
「カウント（数える）という言葉は，どうして生まれたの？」
「富士山の高さを，誰が初めて測ったの？」
このような数学の歴史に関する「びっくり問題」を掲示すると，楽しいですよ。
子どもたちは，数学史に関心を持ちます。
図書館へ行ったり，インターネットで調べたりします。

その結果を自慢そうに語ります。
○このような「びっくり問題」を通して，算数に興味をわかせることもできます。
○どうぞ，一度試みてください。
子どもたちの目の輝きが変わってきますから……。

③　算数体感コーナーづくり

○算数の公開研究会等を参観に行くと時折拝見しますね。
「重さコーナー」「体積コーナー」と名付けられて，大きな袋やダンボール箱等が置いてあります。
算数体感コーナーですね。
○公開研究会だけでなく，日常の算数学習に取り入れると楽しくおもしろい活動ができます。
○私は，算数学習を3つの学習に分けて実践を展開してきました。
　①　「つくる算数」…計算の仕方や面積の求め方など，算数の原理や仕組みを学ぶ学習
　②　「きたえる算数」…かけ算九九，わり算など，繰り返し練習し，技能として確かにできるようにする学習
　③　「生かす算数」…学習したことを生活の場に生かしたり，発展させたりする学習
○算数体感コーナーは，「生かす算数」という発想を基盤に設置します。
長さ，重さ，面積，体積など量に関する体験。
時間と水の量との変化を体験する数量関係に関するコーナー。
速さを実測する「ミニカーの速さ調べ」コーナー。
これらのコーナー設置によって，学んだことを日常生活の中に生かす。
日常生活の中に算数を体感する経験を持たせる上で大変効果がありました。

○特に,算数があまり得意でない子たちが,一番おもしろい知恵を出し,友達を驚かせていた光景が印象的でした。

(注)「生かす算数」の「車の速度調べ」等の実践については,拙著『教師力を高め,高い学力を築く教科経営力』(黎明書房)に詳しく記載しました。ご一読ください。

算数科における3つの学習

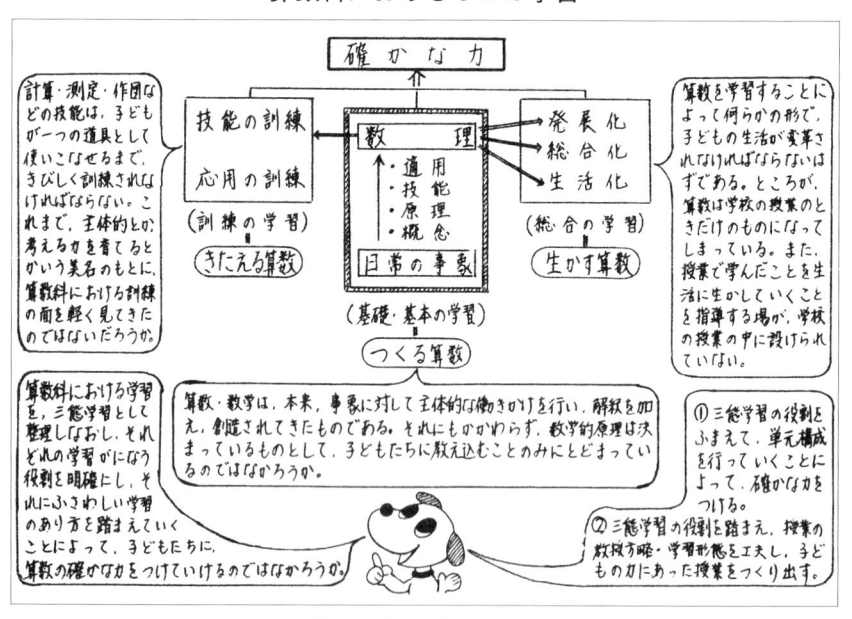

```
                    ┌─ 確かな力 ─┐
         技能の訓練  │  数 理  │  発展化
         応用の訓練  │ ・適用  │  総合化
                    │ ・技能  │  生活化
       (訓練の学習) │ ・原理  │ (総合の学習)
        きたえる算数 │ ・概念  │  生かす算数
                    │ 日常の事象 │
                    └──────┘
                  (基礎・基本の学習)
                    つくる算数
```

計算・測定・作図などの技能は,子どもが一つの道具として使いこなせるまで,きびしく訓練されなければならない。これまで,主体的にものを考える力を育てるという美名のもとに,算数科における訓練の面を軽く見てきたのではないだろうか。

算数を学習することによって何らかの形で,子どもの生活が変革されなければならないはずである。ところが,算数は学校の授業のときだけのものになってしまっている。また,授業で学んだことを生活に生かしていくことを指導する場が,学校の授業の中に設けられていない。

算数科における学習を,三能学習として整理しなおし,それぞれの学習における役割を明確にし,それにふさわしい学習のあり方を踏まえていくことによって,子どもたちに,算数の確かな力をつけていけるのではなかろうか。

算数・数学は,本来,事象に対して主体的な働きかけを行い,解釈を加え,創造されてきたものである。それにもかかわらず,数学的原理が決まっているものとして,子どもたちに教え込むことのみにとどまっているのではなかろうか。

①三態学習の役割をふまえて,単元構成を行っていくことによって,確かな力をつける。

②三態学習の役割を踏まえ,授業の指導方略・学習形態を工夫し,子どもの力にあった授業をつくり出す。

(私の実践レポートより)

2　学習処理力を鍛える

> 楽しい授業になるように学習素材を工夫したり，提示方法にも気配りしたりしているのですが，子どもたちは，「算数，楽しい！」とは言ってくれません。どのような工夫をすればいいのですか？

◆楽しい授業づくりに腐心されているようですね。

粘り強く工夫を加えていけば，いつか楽しい授業ができるようになるものです。努力を続けていきましょうね。

◆でも，楽しい授業づくりだけに心を砕いていても，子どもたちを「算数大好きな子」に育て上げていくことはできません。

◆子どもたちが楽しい学習経験を積み重ねていくと，「算数大好きな子」に育つわけではありません。

やはり，物事には「基本になる力」が必要です。「基本の力」が培われ，その力をフルに活用できるようになると，本物の楽しさがつかめるようになります。

そして，授業の中で考えを練り上げたり，討論し合ったりしている間に，算数のおもしろさに気付き，「算数大好きな子」に育っていくのです。

「算数大好きな子」に育てる基本の力

①　読み取る力（キーワードを押さえ，要旨をつかむ）
②　記述・説明する力（筋道立てて書く，説明する）
③　考える力（関係づけ，筋道立てて考えを進める）

◆「基本になる力」には，3つあります。
　「読み取る力」と「記述・説明する力」，そして「考える力」です。
　これらの力は，算数科だけの基本となる力ではありません。どの教科の学習にも必要な「基本となる力」です。
◆ですから，国語・社会・理科などの各教科の学習を通しても，一貫して身に付けさせていかなければなりません。
　年間の指導計画（指導作戦）の中に「子どもの学力向上策」としてきっちり位置づけ，実践を積み上げる必要があります。
◆また，「基本となる力」を育てるには，2つのポイントがあります。
　これを押さえないで指導を繰り返していても効果が上がりません。

> ### 「基本となる力」を育てるポイント
> ① 見本を示して教えること。
> ② その場でほめ，まねさせること。

◆さらに，「基本となる力」を駆使し，授業展開の中で威力を発揮させ，深みのある授業にするには，2つの要因が要求されます。

> ### 「基本となる力」に要求される要因
> ① 的確さ（場面に応じて的確に使いこなす）
> ② スピード（テンポよく処理する）

◆「基本となる力」のレイアウトを大まかにあげてきました。
　次の項から，1つひとつの力の育て方について語りましょう。

3　読み取る力の育て方

> 算数の学習でどうして「読み取る力」がそんなに重要なのですか。そのわけを教えてください。

◆「算数科で読み取る力が重要です」と言われても，何となく違和感を持たれるでしょう。国語科の指導のように思われますね。
◆ところが，よく考えてみてください。
　算数科でも「読み取る力」は，「基本の力」です。
　たとえば，問題を提示しますね。
　まず，子どもたちに，何をさせますか。
　必ず問題文を読ませますね。
　その時，問題文を正確に読み取ってくれなければ，授業は進展しません。このような初歩的レベルの読み取りもあります。
◆ところが，新しい学力として「数学的な読解力」がクローズアップされてきています。
　「数学的な読解力」とは，どんなことなのでしょうね。
　このような新しい動きの中で，「読み取る力」について改めて考え直してみましょう。

算数科における「読み取る力」

① 問題場面をイメージ化してとらえられる。
② 多様な情報から問題解決に必要な情報を取り出せる。

①　問題場面のイメージ化

○授業中の子どもたちの様子をゆっくりと観察してみてください。
　問題が提示されても，ぼんやりしている子がいませんか。
　「算数に興味がない子なのだ」と思いがちです。
　また，「算数のあまり得意でない子だ」とも決め付けがちになりますね。
○ところが，そのような子どもたちは，問題文を読んでも問題場面がイメージできないのです。どのようなことが問題になる場面かがイメージできないからぼんやりしているのです。
○問題場面がイメージできる子は，場面を図や線分図に置き換え，問題の中に隠れている関係を見つけようとします。

②　問題解決に必要な情報を取り出す

○算数科でもしっかりと「読み取る力」を育てていかなければならないと思わされた話を聞きました。
　大学進学校として学習指導に最重点を置いている高等学校でのことです。
　数学の問題で，長い文章の問題になると，問題文が明確に読み取れず，立式までに大変な時間が掛かる。そこで，大学進学校である高校で，長い文章問題の読み取り訓練を行っているとのことです。
○高校の問題ばかりではありません。
　新しくなった算数の教科書を見直してみてください。
　以前とは全く違った教材が配置されていますね。
○ある教科書の5年生教材として，自動車会社のパンフレットが素材として取り上げられています。
　カラー刷りのパンフレットには，自動車会社が写真入りで乗ってい

　　　　　　　　　　　　　　第Ⅱ章　算数大好きな子の育て方

　　す。およそ算数の問題とは関係のない社会科の資料のようなパンフレットです。
○ところが，パンフレットの後に，いくつもの算数的な設問が記載されています。
　　「東京ドームの面積は，およそ何㎡ですか」
　　「人が1日で溶接する箇所の合計の求め方を言葉や式を使って説明しましょう」
　　このような設問に答えるためには，パンフレットの何箇所にも分かれて記載されている事柄をつなげて読み取らなければなりません。
　　これまでの算数の教科書に全くなかった新しいタイプの問題提示です。
○なぜ，このような問題提示，問題設定が現れたのでしょうか。
　　最近重視され始めた「数学的な読解力」なのです。
　　身近な事柄を数学的な観点から見直し，数学的な手法を駆使し，数学的な観点から事象をとらえ直してみる。
　　このような「数学的な読解力」を育成することを目的にしています。
○「読み取る力」を改めて，見直さなければならないことを理解してもらえたと思います。
○さて，「読み取る力」を育てる方策です。
　　これに関しては，国語科や社会科と同様な方法を駆使することです。ただ，算数科においては，「読み取る」とは，事象の中に含まれている関係を見つけ出すところが重点です。そのために，読み取ったことをキーワードのメモ，図，表等に置き換える作業を通して，解決の筋道を立てる手掛かりをつかむところにポイントを置く必要があります。
○このような算数学習の基本となる「読み取る力」をきっちり育てていかないと「算数大好きな子」に育てられません。

4　記述・説明力を鍛える

> 算数科で，今，なぜ記述力や説明力が重視されるのですか？

◆「読み取る力」と同じように，算数科で「記述する力」や「説明する力」がなぜいまさら重視されるのか。みんな疑問に感ずる事柄ですね。

◆算数科で一番重視すべき点は，「考える力の育成」ですね。
ところが，「考える力」と「記述・説明する力」とは，表裏一体のものであって，切り離してとらえられません。

◆「記述・説明する力」と「考える力」との関係を見直してみる必要がありますね。

「記述・説明する力」の鍛え方

① 算数科における言語活動がめざしていること
② 「記述する力」「説明する力」の鍛え方

---

①　算数科における言語活動

○ご存知のように学習指導要領が改定され，本年度（23年度）から新教育課程が実施されていますね。

○算数科においては，改定に関して4つのポイントがあげられます。

1つは，繰り返し鍛え育て上げるスパイラル学習。

2つ目は，指導内容の増加と充実。

3つ目は，算数的活動を通して，理解・習得を図る。

そして，4つ目は，言語活動の充実です。

言語活動が，なぜ重視されるのか考えてみましょう。

○算数科における言語活動とは，どのような活動のことでしょう。

端的に言えば，考えを表現し，伝え合う学習活動です。

○学習指導要領には，次のように解説されています。

「思考力，判断力，表現力等を育成するため，各学年の指導に当たっては，言葉，数，式，図，表，グラフを用いて考えたり，説明したり，互いに自分の考えを表現し伝え合ったりするなどの学習活動を積極的に取り入れるようにすること」

○つまり，算数科では，言葉，数，式，図，表，グラフを用いて考えたり説明したり記述したりすることがポイントです。

言語活動というと，他の教科では，言葉を用いることが強調されます。算数科の場合は，言葉で表すだけでなく，数，式，図，表，グラフ等を用いて考えたり，記述したり，説明したりすることを大事にしていこうということです。

○では，算数科の言語活動の充実は，何を培うことを目的にしているのでしょうか。

ズバリ言いますと，思考力，判断力，表現力等を育成することです。

○「記述する力」「説明する力」をつけるねらいは，最終的には「考える力」を育成するところにあります。

そして，言葉だけでなく，算数科特有の数，式，図等を充分に活用して，記述したり，説明したりすることを大切にしていくことです。

○特に押さえておかなければならないことは，「記述する力」も「説明する力」も「考える力」と強くつながっているということです。

② 「記述する力」の鍛え方

○「記述する力」は，算数の授業中だけで鍛えることはできません。
　日常の学習活動を通して，意識的な働きかけが必要です。
○まず，言葉での表現の前に，問題場面の関係やキーになる事柄をメモや図で表す習慣をつけさせることから手掛けます。
　算数科の記述には，筋道の通った流れが必要です。筋道とは，事柄の関係づけです。
　ですから，事柄の関係をとらえる基本であるメモや図等を的確に書けるようにすることによって，記述力の基盤を固めることができます。
○事柄の関係がつかめたら，相手に分かってもらえるように筋道立てて言葉でつないでいきます。
　考えの筋道がはっきり分かるようにするには，「筋道が見える言葉」を使うことに慣れさせることが大切です。
　たとえば，「はじめに」「つぎに」「だから」等の言葉。
　「このことから」「まとめると」等の言葉。
　このような言葉の使い方を適時教えることが欠かせません。
　「記述力を育てる」と主張されていますが，記述力を伸ばす方法の鍛え方が曖昧で，欠落している場合が多いようです。
○物事を鍛えるには，1つの鉄則があります。
　見本を示すことです。
　算数科における記述力を鍛える場合も同じです。
　まず，教師がモデルになる見本を示し，子どもたちにまねさせることです。
　モデルになるイメージが頭にわかないとどのような力量も伸びていきません。

③ 「説明する力」の鍛え方

○「説明する力」を鍛える基本も同じです。
　まず，筋道の通った説明の見本を示すことです。
　「これが，筋道の通った説明なのか」ということを子どもたちがつかめば，うまくまねていきます。
○算数の説明ですから，数，式，図等を活用しながら話すことです。
　数，式，図等を抜いた言葉だけの説明では，事柄の関係が理解できず，相手に考えが伝わりません。
○どのようにすると相手に考えが伝わりやすいかについては，本書の「話の見える化」の項で述べました。ぜひ，ご一読ください。
○相手に話が伝わるかどうかは，話が見えるかどうかにかかっています。
　数，式，図等を黒板に書きながら説明すると，問題の中に隠れている事柄の関係が目に見えやすくなり，話が伝わりやすくなります。
○「説明する力」を鍛える場合，忘れてはならないコツがあります。
　ある子がすっきりと筋道の通った説明をしたとします。
　すかさず，その子の説明を全員に繰り返させることです。
　その場で繰り返すことによって，筋道の通った説明とはどのような説明なのかを会得します。
　「その場で，繰り返させる」——何でもないこのような手立てが子どもたちを伸ばしていく小さなコツです。

5 「考え上手な子」に育てる

> 「考える力」を育てることが、一番難しいように思いますが、考える力を育てるいい方法があるものなのですか？

◆考える力を直接的に育てる方法はなかなか見つかりませんね。
　しかし、考える力を育てる手立ては皆無ではありません。
　基本は、日々の授業の中で思考を練る場を作ることです。
◆「考える力」を育てる方策を、日常の授業の中で地道に実施していくことです。
　「考える力」とは、自分の頭を働かせ、問題を解決し、新しい見方や考え方をつかみ出していく最も重要な学習力です。
◆私が実践を通してつかみ出した方策を紹介しましょう。

「考え上手な子」に育てる方策

① 「考えの進め方」のモデルを示し、慣れさせる。
② 「考えの広げ方」を教え、活用させる。
③ 「思考の見える化」を図る。

---

① 「考えの進め方」を教える

○子どもたちに、「考えましょう」と誘いかけているだけでは、考える力を伸ばすことはできません。
　子どもたちは、考えるとは、何をどのようにすることなのか。頭をど

のように回転させればよいのかなどが分かっinterpolated ていません。

○そこで,「考えの進め方」のモデルを示します。日々の算数学習の中で,モデルを活用しながら問題解決を進めていきます。

　日々の学習の繰り返しの中で,子どもたちは,「考えの進め方」を会得し,自ら考えを進めていく力が付いてきます。

○国語科の「書く・話す」の初歩的な指導を行う時,「いつ,誰が,どこで,何を,どのようにしたか」,そして「なぜしたか」。いわゆる「5W・1H」の項目を示して指導します。

○これと同じように算数科においても,「考えの進め方」の方法を示して指導します。方法を示すことによって,「頭の働かせ方」を会得させていくことができます。

「考えの進め方」のモデル

① 前の勉強を生かせないかな（既習の活用,類推,演繹）
② 図などを使ってできないかな（イメージ化,図式化,表現）
③ この考えは正しいかな（正確性,妥当性）
④ 似ている考えはないかな（類推,関連性）
⑤ いつでも,他の場合でもできるかな（有用性,一般性）
⑥ もっと簡単にできないかな（簡潔性,能率性）
⑦ きまりを見つけられないかな（帰納,一般性,美しさ）
⑧ 深めた見方ができないかな（発展性）
　例：数,形,大きさなどを変えてみる

○「どのように考えを進めればよいか」を子どもたちにつかませるために,「誘いの言葉（問いかけの言葉）」として示します。

○このモデルは,私が主催する「わいわいハウス」（教師の研修会）で,若手教師のホープである森智博先生と共同開発したものです。実践を繰り返し確かめてきたモデルですから,即,実践に活用できます。

② 「考えの進め方」モデルの活用の仕方

○このモデルを子どもたちに教え,「考えの進め方の一覧表」を教室に大きく掲示し,「さあ, これからは, このモデルを見ながら考えを進めていきましょう」と誘いかけても全く効果がありません。

○「考えの進め方」を子どもたちに習得させていくには, 大きな鉄則があります。

「**授業を通して, 気付かせ教えていく**」という鉄則です。

この鉄則を踏まなければ, 子どもたちの力となりません。

形だけの手順表にしかなりません。

○たとえば,「⑤ いつでも, 他の場合でもできるかな」の考え方に気付かせていく授業場面を取り上げてみましょう。

○平均の学習を進めています。

平均は, 子どもたちは「総合計÷個数」で求めることができることをつかみました。

さて, これからが授業伸展の勝負どころとなります。

平均は「総合計÷個数」で確かに求められます。

個数の中に極端な事例が混入している例があります。

たとえば, みかん1個の重さは, およそ150gとします。

ところが, 不良品である50gと60gのみかんが2個混入していたとします。

このような場合でも,「総合計÷個数」で求めて, 平均の意味があるのかどうかが議論となります。

単純に計算だけで, 平均を求めても不良品が混入している場合は意味がありません。通常は, 50gと60gのみかんを個数から取り除いて求めます。

○このように, 1つの結論が出たら,「いつでも, 他の場合でも」とい

う授業経験をさせます。その後,「考えの進め方モデル⑤」としてまとめ掲示します。
○授業経験を通しているので,形だけの「考えの進め方」に止まらず,日々の授業に生きてくるようになります。

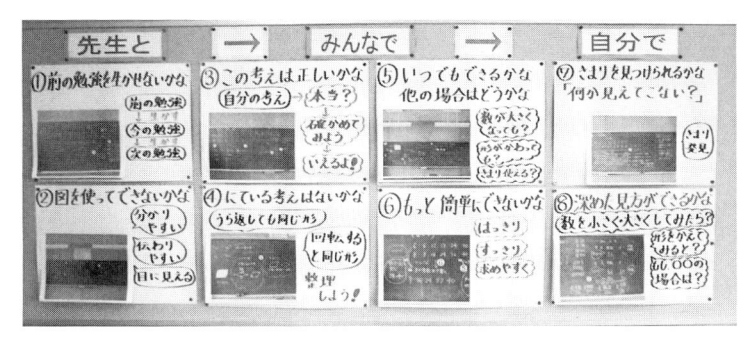

考えの進め方

③ 「考えの広げ方」を教える

○「答えを出したら終わり」という授業から抜け出さなければ,子どもたちに「考えの広げ方」を身に付けさせることはできません。
○授業のここぞと思う場面をとらえ,「考えの広げ方」を教えます。
　考えをタテとヨコに広げる思考法を身に付けさせると,幅の広い学びができるようになります。
○学習を膨らませるには,2つの方向があります。
　「タテの方向」と「ヨコの方向」です。
　教材の丁寧な分析から「タテ・ヨコの方向」がつかめます。
○大雑把に言うと算数科では,タテ方向は「やり方,解決の仕方」,ヨコ方向は「場面,数,大きさ,形」と言えます。
　「タテ方向」「ヨコ方向」の質は,教科によって大きく違います。
　各教科の構造を踏まえ,教材の中に隠れている変数を見つけ出すことによって「タテ方向」と「ヨコ方向」を明確にすることができます。

○「タテ・ヨコの考えの広げ方」も言葉で教えるものではありません。
　「考えの進め方」と同じように，授業経験を通して身に付けさせていきます。
　決して，形だけの指導にならないようにすることが肝要です。

広がりのある算数学習

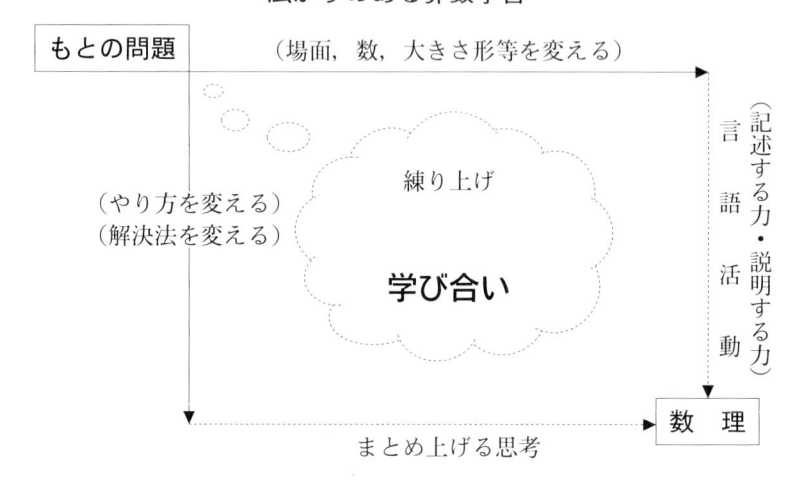

| もとの問題 | （場面，数，大きさ形等を変える） |

（やり方を変える）
（解決法を変える）

練り上げ

学び合い

（記述する力・説明する力）
言語活動

数　理

まとめ上げる思考

④　「思考の見える化」を図る

○考えを進める原点になるものは，「問い」です。
　頭の中に問いを発した時，問いの答えを求めて頭が回転し始めます。
○そこで，「問い」を発する訓練をします。
　「前に学習したことと似ているところはないかな？」
　「簡単な数に置き換えたら分からないかな？」
　「何かきまりはないかな？」など。
　このような素朴な問いを発する練習をさせます。
　すると，問いに誘われ解決へ向かって頭が回転し始めます。
○ところが，子どもたちの頭の中で，どのような「問い」を発し，どのように事柄を関係付けながら考えを進めているか。目に見ることはで

きません。
○そこで，「問い」と「解決のおもいつき」や「解決のつぶやき」等を目に見えるようにする工夫が必要となります。
○子どもたちは，新しい問題に遭遇した時，その問題の解決のために無意識の内に「問い」を発しています。
○問いの連続と問いへの回答を，吹き出しの活用によってすべて目に見えるように書き出します。

外へ表出された考えのメモを見て，さらに新しい問いを発し，経験を再想起したり，考えを練り直したりします。

練り直した考えやひらめきを即，吹き出しメモとして書きます。
○このような「問いの連続」と「吹き出しメモの表出」によって徐々に考えが練り上げられていきます。
○子どもたちの発表だけでは，どのようにして考えを進めてきたかつかめません。考えの練り上げメモを見ると思考の筋道が見えます。
○子どもたちは，表出した思いつきや考えを手掛かりにして，さらに，新しい問いを作り考えを練り上げていきます。

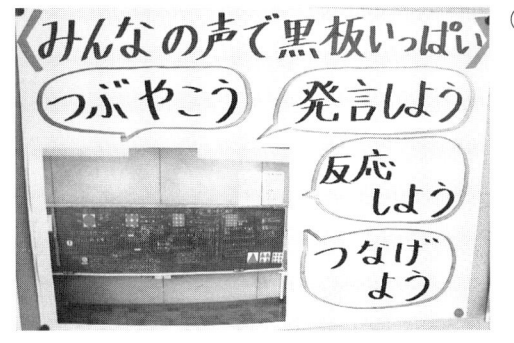

「つぶやき」

（注）「考えの進め方を教える」「考えの広げ方を教える」「思考の見える化」については，拙著『山本昌猷の「学びの技」を育てる学級づくりの知恵と技』（黎明書房）に事例をあげ詳しく書きました。ぜひご一読ください。

6 「算数大好きな子」に育てるために

○「算数大好きな子」に育てたいものですね。
　ところが，意外に「算数大嫌いな子」が多いのです。
○「算数大嫌いな子」に尋ねてみました。
　「できないから」「分からないから」と答えます。
　算数は，体育と同じように「できる」「できない」がはっきりしていますね。
　だから，できない子は，「嫌い」と思い込んでしまいます。
○ですから，「算数大好きな子」にするためには，「分かる・できる」を実感できる授業をすることが，どうしても必要です。
　そして，子どもたちに「分かった！」「できた！」という喜びを持たせることが第一です。
○しかし，それだけでは，「算数大好きな子」には育てられません。
　算数の本物の楽しさ，おもしろさに触れさせなければ，「算数大好きな子」にはなりません。
○そこで，必要なことは，算数の本物の楽しさに触れ得る「基本となる力」をきっちり鍛えることです。
　鍛えられてこそ，子どもは伸びます。
○「読み取る力」「記述・説明する力」，そして「考える力」をきっちり鍛える授業を大切にしましょう。

第Ⅲ章

授業に生きる教材研究の仕方

　　授業づくりの根幹は，教材研究の深さに大きく関わっています。

　　教科書を片手に，黒板とチョークだけでも授業を進めることはできます。
　　しかし，教材の仕組み，教材のつながり，教材を支える数学的な考え方などをしっかり見極めないと，その場だけの上滑りの授業となり，子どもたちに確かな学力をつけられません。

　　算数の教材研究の仕方にも，いろいろな方法があります。

　　この章では，授業実践に生かせる教材研究の方法をいくつかご紹介しましょう。

1 算数科の特色を生かした教材研究の仕方

> 教材研究をきっちりするのはとても大変です。
> 授業に生かせる教材研究はどのようにすればいいですか？

◆学校現場は，本当に忙しいですね。
いろいろな調査書類の整理と提出。多種の会議への出席。問題を起こす児童への対応。その上，些細なことにまで口出しする保護者への対応等。

◆まるで，暇を見て授業をしているような錯覚さえ感じます。
そのような現状の中，日々の授業を充実させるために教材研究を深めることは大変なことですね。

◆しかし，教師の本業は授業ですから，何とか授業が充実する，授業に生かせる教材研究はぜひ行いたいですね。

一番手軽な教材研究の仕方

① 教科書を生かした教材研究をする。
② 教科書を生かす教材研究には手順があります。

---

① 算数教科書の特色

○「算数の教科書。他の教科書と違った最大の特色は，何でしょうか」
きわめて簡単なことです。
練習問題やたしかめ問題が記載されていることです。

国語科や社会科などの教科書には，練習問題等は記載されていません。
○練習問題やたしかめ問題ができるようになることが，指導のゴールです。
○ゴールが示されているので，指導のねらいが一見してつかめます。
何とありがたいことでしょうね。
算数教科書の最大の特色である「問題記載」を生かさない手はありません。
○２つ目の特色は，問題解決を進めていく上での小さな設問が記述されているということです。
○教科書は，その道のプロ中のプロが知恵を絞り合って作成したものです。「算数の指導が少し得意」といった程度の人たちが編集したものではありません。
記述の流れをじっくり見ていくと，指導の流れが見えてきます。
○そして，３つ目の特色は問題解決のヒントが記載されていることです。
教科書の発行会社によって違いますが，楽しいキャラクターを登場させ，吹き出しの疑問として，誘導するように記載されています。
○「指導のゴールとなる『問題』が記載されている。」
「問題解決への小さな設問が記載されている。」
しかも，「問題解決のヒントまで記載されている。」
これら３つの算数教科書の特色を上手に生かして，教材研究を進めればいいのです。

②　教科書を生かした教材研究の手順

○まず，単元の終わりに記載されている「たしかめ問題」，途中に出ている「練習問題」を１題ずつ丁寧に見ていきます。
これらの問題をいくつかのグループにまとめると，教材を通して，どのような問題が解けるようになればよいのか，指導のゴールがつかめ

ます。（私は，これらの作業を「問題分析」と名付けています。）
○次に，どのような問題を提示しているかに目を向けます。
　子どもたちの生活経験と結び付いているか。子どもたちが興味を持つか。このような観点から，提示問題を吟味します。
○提示問題の吟味の後，「小さな問い」の流れを追っていきます。
　「小問」の流れを追っていくと，問題解決の筋道，つまり授業展開の流れが見えてきます。
　その際，どのような作業や操作を取り入れているかも見落とさないようにします。作業，操作は，算数的な活動ですから重要な意味を持っています。
　（この一連の作業を私は「記述分析」と言っています。）
○さらに，細かく教科書分析を進めます。
　教科書の中に出ているキャラクターの吹き出しに注目します。
　キャラクターの吹き出しは，問題解決，考えを進める時のヒントです。個別指導の助言，考えを進めさせる際の誘いかけの言葉として活用できます。
　（私は，キャラクターの吹き出し等の吟味を「誘導・ヒント分析」と名付けています。）
○「問題分析」→「記述分析」→「誘導・ヒント分析」と教科書の分析作業を進めていくと，授業のねらい，展開の筋道，指導の留意点等をつかむことができます。

○余談になりますが，教科書分析を丁寧に行うには，もう一冊，自費で購入した「自分の教科書」を持たれることをお勧めします。
　「自分の教科書」を持っていれば，教科書分析をしている際に気付いたことや思い付いた指導上の工夫等を自由に書き込むことができます。

気軽で，効率的に教科書分析，教材研究が進められます。
ぜひ，「自分の教科書」をお持ちになるように……。

算数の教科書を生かした教材研究の仕方

① 教科書に記載されている「練習問題」や「たしかめ問題」を調べる。
- どんな問題ができるようになればよいのか。
- どの程度の難しさの問題が解けるようになればよいのか。
- 指導のゴールを具体的につかむ。

② 教科書の記述の流れを読み込む。
- どんな問題場面を設定しているか。（はじめの提示問題をつかむ。）
- どんな「小問」で問題解決へ導いているか。
- どんな操作や図表を使って，理解させようとしているか。

③ 誘導・ヒントになる言葉を探る。
- どんな「誘いかけの言葉」を使って，誘導しているか。
 （キャラクターの吹き出しに着目。）

◎「自分の教科書」を持って，書き込みをすると便利。素晴らしい実践記録として残ります。

2 指導書を生かした教材研究の仕方

> 「指導書に頼っているような教材研究では,甘すぎる」と先輩から言われます。でも,指導書を有効に活用する方法はないのでしょうか?

◆「指導書に頼っている教材研究は甘い」という先輩の指摘は,いささか暴言ですね。

◆各教科の補助資料として付いている「指導書」は,教科書と同じように指導のプロ中のプロが作成したもので,上質の指導の参考資料です。

◆指導書をきっちり読み込むと,教材の関連性や指導内容のねらいをつかむことができます。

指導書の活用の仕方

① 指導内容の関連性をつかむ。
② 指導内容の算数的な意味とねらいをつかむ。
③ 指導内容の流れの意味をつかむ。

---

① 指導内容の関連性をつかむ

○指導内容の学年のつながり,単元のつながりを調べることは,既習事項,発展事項をつかむために欠かせない作業です。

○ところが,指導内容の関連性や指導事項の既習事項,発展事項を調べようとすると大変な作業となります。

全学年の教科書を引っくり返して調べなければなりません。

第Ⅲ章　授業に生きる教材研究の仕方

全学年の教科書を調べることは、ほとんど不可能です。

日々の授業準備に追われている現場で、全学年の教科書を調べることなどなかなかできませんね。

〇この一点だけでも「指導書」のありがたさが分かります。

「指導書」には、単元ごとに必ず、全学年の関連が記載されています。その上、本単元に直接的なつながりのある事項に関しては、丁寧に関連図が示されています。

〇指導内容の関連性を押さえることは大変重要なことです。

1つの単元だけが独立していることはありません。必ず、前学年や前々学年での指導内容とつながりがあります。さらに、次の学年とのつながりもあります。

それらのつながりをきっちり押さえておかないと、指導内容のねらいが明確になりません。

〇特に、今回の指導要領の改訂においては、スパイラル方式で学力を高める方策が重要視されています。その学年だけで指導内容をすべて完全マスターさせるのではなく、繰り返しを重視しながら小学校の指導内容を習得させる仕組みになっています。

ですから、指導内容の関連性を押さえることがきわめて重要な作業となります。

②　指導内容の算数的な意味とねらいをつかむ

〇指導内容の算数的な意味やねらいは、教科書の問題分析、記述分析からだけでは把握できません。「私は、算数通です」と言われる方でも無理です。

〇おもしろい学習題材がありますので、それを例に述べてみましょう。

「合同」（小5）

合同な三角形のかき方を使って，平行四辺形ＡＢＣＤと合同な平行四辺形のかき方を考えましょう。

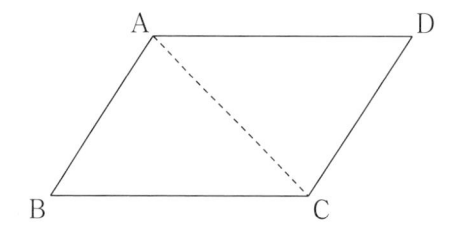

```
         A          D
        ／ ＼       ／
       ／   ＼    ／
      ／      ＼ ／
     ／       ／＼
    ／      ／    ＼
   B ─────────── C
```

　　　　　　　　　　　ＡＢ＝５ｃｍ
　　　　　　　　　　　ＢＣ＝８ｃｍ
　　　　　　　　　　　ＡＣ＝７ｃｍ
　　　　　　　　　　　角Ｂ＝60度

○この問題は，合同の定義・性質を調べる学習。また，合同の見方で既習の基本図形の見直し。さらには，合同な三角形のかき方を学習した後の新しい学習問題です。

○子どもたちは，「三角形は，３辺の長さが分かればかけたから，四角形は，４つの辺の長さが分かればかける」と考えます。
　ところが，４辺だけの長さでは平行四辺形の傾きが定まらず，かけないことに気付きます。

○さて，この問題の解決は，ここからです。
　一見何の抵抗もなく，合同な三角形のかき方を使えば解決できそうです。
　ところが，この問題は，なかなか解決に漕ぎ着けません。

○合同な三角形のかき方には，３つの方法がありました。
　　（ア）３辺の長さ　　　（イ）１辺と両端の角　　　（ウ）２辺と狭角
　この３つの方法から，合同な平行四辺形をかくために与えられている条件に適した方法を選ばなければなりません。

○では，「合同な平行四辺形のかき方を考えましょう」の問題の本当の指導のねらいは，どこにあるのでしょう。
　すぐに「平行四辺形のかき方を探ること」と考えがちです。

第Ⅲ章　授業に生きる教材研究の仕方

　この問題の指導のねらいは，平行四辺形をかき上げることにあるのではありません。

　与えられている問題の条件を把握して，三角形をかく3つの方法から，この問題を解決する方法を選び出すところにあります。

○この問題を解決するには，対角線の反対側に裏返しの合同な三角形をかくことです。

　ところが，この問題には「合同な三角形のかき方を使って」という条件があります。その上，辺ABと辺BCの長さ，角Bの大きさ，それに対角線ACの長さしか使えません。

　これらの条件，規制の中で，合同な三角形をかく3つの方法から適切な方法を選び出します。

　条件・規制のある場面を把握し，三法から適切な方法を選択処理して，問題を解決する力を付けることが，この問題処理の真のねらいです。

○この問題の真のねらいと意味をつかみ出すには，相当の算数的な眼力が必要です。

　素手では，この教材の真の意味とねらいはつかめません。

○そこで，手助けとなるのが「指導書」です。

　「指導書」には，この問題の裏に隠れているねらいが記述されています。その記述を手がかりにすれば，この教材の意味とねらいを明確につかむことができます。

○「指導書」は，指導内容の意味とねらいを把握する手掛かりがつかめる貴重な資料です。

　「指導書」を上手に活用することが教材研究を深めるコツの1つです。

③　指導内容の流れの意味をつかむ

○教科書の具体的な指導場面の流れを見ているだけでは，指導内容の流れに含まれている意味まで深くつかむことは困難です。

○そこで,「指導書」を読み込んでいきます。
　すると指導内容の流れの数学的な意味を把握することができます。
○指導内容の小さなゴールは,数学的な原理や処理方法,技能の習得にあるわけです。
　しかし,算数指導の最終的なゴールは,内容の理解,技能の習得にありません。やはり,「数学的な考え方」を会得するところにあります。
○指導の領域によって特色がありますが,大雑把には,次のような3つの層でとらえることができます。
　日常事象に働きかけ,数理的に追求する中で,
　まず,「数学的な意味をとらえる」,
　次に,「数学的な性質を明らかにする」,
　そして,「数学的な構造をつかむ」。
　このような数学的な追求過程において,具体物・図・表・式・ことば・文字・記号等を活用し,数学的なアイディアを駆使して数学を作り上げていきます。
○指導内容の流れは,基本的には,前述したように構成されているものです。
　しかし,指導内容の流れをここまで深く分析し理解することは至難の技です。少々の教材分析でははっきりしたものが見えてきません。
○そこで,「指導書」を手掛かりに,指導内容の流れの裏に隠れている数学的な意味や構造,基軸になっている数学的な考え方をつかみ出します。
○これだけ深く指導内容の流れを把握しておくと,「子どもたちがよく発言した」とか「子どもたちはしっかり考えた」とかいう上滑りの授業から脱皮できます。
○日々の授業準備,雑務処理等でお忙しいでしょうが,せっかく備えられている「指導書」にぜひ目を通されることをお勧めします。

3　教材の根底に流れる考え方をつかむ教材研究

> 「算数の教材には，一貫して流れる見方や考え方がある」「それを踏まえて授業しないと上滑りの授業になるよ」とベテラン教師から言われるのですが，どのようにすれば，一貫する考えがつかめますか？

◆社会的な要請によって教育の重点も変化します。

　現在は，「国際学力調査」と「新しい学力観」の影響によって，算数科では，「算数的活動」「言語活動」「活用力」の3つのキーワードが取り上げられています。

◆しかし，教材を支える根幹になる考えは，時代によって変化するものではありません。

　「算数的活動」「言語活動」は，教材の根幹になる考えを会得する過程で威力を発揮するものです。また，「活用力」は，根幹をなす考えを会得してこそ習得される力です。

◆私は，日本の子どもたちに本物の学力（算数の力）をつけていくためには，教材の根幹に流れている考えを1つひとつの教材を通して会得させていくことがきわめて重要であると考えています。

教材の根幹に流れる考えの見定め方

① 領域によって一貫する見方・考え方がある。
② 一貫する見方・考え方は，3つの観点からとらえられる。

① 領域に一貫する見方・考え方

○指導内容の各領域に「一貫した見方・考え方」があります。
なかなかイメージがわきにくいと思いますので，1つの事例をあげてみましょう。

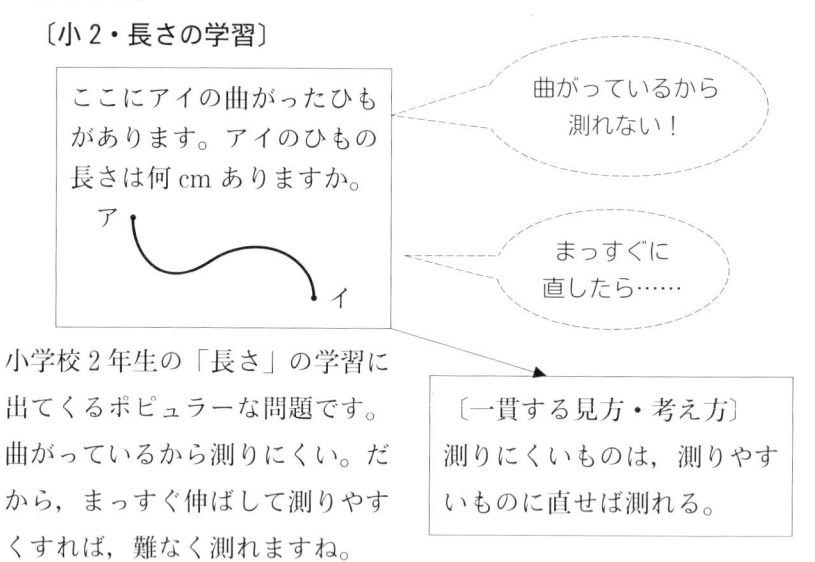

〔小2・長さの学習〕

> ここにアイの曲がったひもがあります。アイのひもの長さは何cmありますか。
> ア
> イ

　　曲がっているから測れない！

　　まっすぐに直したら……

〔一貫する見方・考え方〕
測りにくいものは，測りやすいものに直せば測れる。

小学校2年生の「長さ」の学習に出てくるポピュラーな問題です。曲がっているから測りにくい。だから，まっすぐ伸ばして測りやすくすれば，難なく測れますね。

○「測りにくいものは，測りやすいものに直せば測れる」——これが「一貫する見方・考え方」です。
○子どもたちが「まっすぐ伸ばして測ればいいです」と元気よく答えた時，「いいこと見つけたね」「これからも使っていける考え方ですね」と一言付け加えられるかどうかが，教材研究の深さで決まります。
○「測りにくいものは，測りやすいものに直して測ればいい」という見方・考え方は，「量と測定」の領域に一貫して流れる重要な見方・考え方の1つです。
○5年生に出てくる平行四辺形の面積を求める場面にも適用できます。
平行四辺形は，このままでは斜めの辺があって面積が求めにくい。だ

第Ⅲ章　授業に生きる教材研究の仕方

から，求めやすい形に直す。つまり長方形に直しますね。
○このように「測りにくいものは，測りやすいものに直して測る」という見方・考え方は，学年の枠を超えて一貫して流れている見方・考え方の1つです。
○一貫して流れる見方・考え方を各教材を通して身に付けさせて初めて，今日強く主張されている「活用力」等の力を付けることができるわけです。
○今こそ，教材の根底に流れる見方・考え方をきっちり押さえた教材研究を基盤に授業を進めていく必要があります。

②　一貫する見方・考え方の3つの観点

○一貫する見方・考え方は，いくつもの観点（軸）があるわけではありません。3つの観点（3つの軸）でとらえられます。
○「一貫する見方・考え方」に関しては，素晴らしい先行実践研究があります。
　千葉県教育センターの研究（研究紀要137集）です。
　（この研究に関しては，千葉県教育センターの引用許可をいただいて前著『教師力を高め，高い学力を築く教科経営力』P. 90に記載しました。ぜひご一見ください。非常に参考になります。）
○3つの観点（3つの軸）に関して，「量と測定」領域を例としてあげてみましょう。

（A）測る量と同じ量で単位を作り，その単位が何個分含まれるかを求めればよい。（量の数量化）

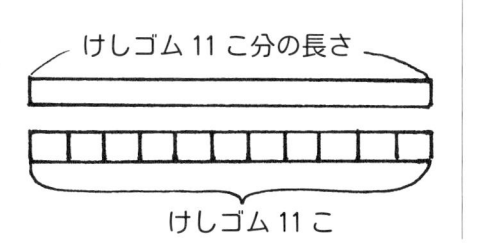

けしゴム11こ分の長さ

けしゴム11こ

（B）目的や大きさに応じて単位を選んで使い分けたり，計器のしくみをうまく使ったりして，手ぎわよく測る。(測定の工夫)

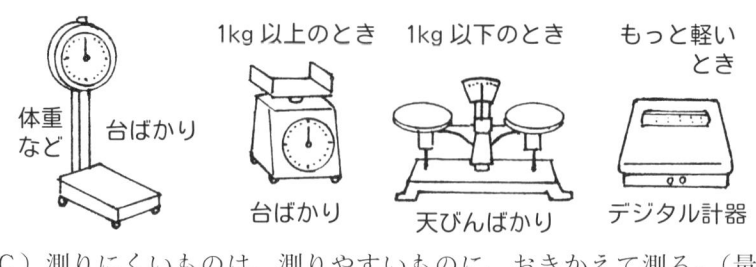

体重など　台ばかり　　1kg以上のとき　台ばかり　　1kg以下のとき　天びんばかり　　もっと軽いとき　デジタル計器

（C）測りにくいものは，測りやすいものに，おきかえて測る。(量の保存性)

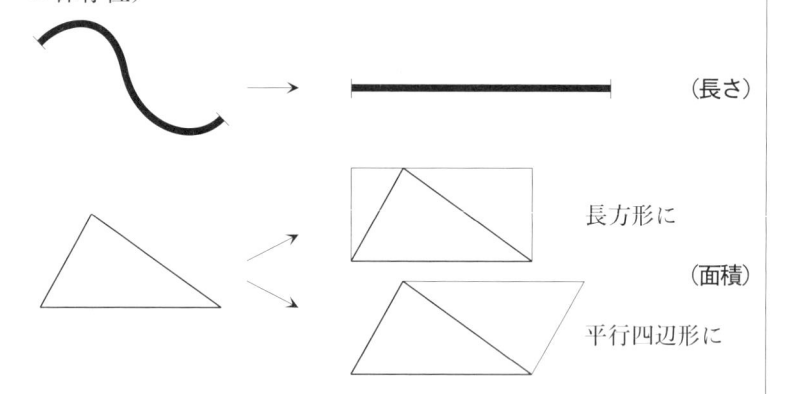

（長さ）

長方形に
（面積）
平行四辺形に

○「量と測定」領域の全学年の指導内容には，（A）（B）（C）の３つの軸が通っています。

　教材研究を通して，この３つの軸を押さえます。

　そして，授業展開の中で３つの軸の具体的な見方・考え方をしっかり会得させていきます。

　このような教材研究と授業実践の積み上げを通して，本物の算数力を育て上げることができます。

　若い皆さんにも，ぜひ教材の根幹に流れる考えを見据えた指導を展開し続けていただきたいと願っています。

第Ⅲ章　授業に生きる教材研究の仕方

4　教科書比較を通した教材研究で豊かな授業を！

> 授業がワンパターン化し，おもしろさがなくなってきているのですが，もっと豊かな授業を進める教材研究の方法はありませんか？

◆教科書１冊だけを見て日々の授業を展開していると，授業が固定化してしまうことが多くなりますね。

その上，授業を，「前時の振り返り」「問題の提示」「見通し」「たしかめ」「話し合い」「まとめ」「本時の振り返り」と１つの型にはめて進めていると，学ぶおもしろさが希薄になっていきます。

◆教科書は，各地域で吟味され採用が決定されています。勝手に教科書を変えて指導することはできません。

◆しかし，何社かの教科書を比較し，教材研究を深めることは大切なことです。

教科書を比較していると授業展開の豊かな発想が生まれてきます。

授業を豊かにする教科書比較

① 取り上げている素材を比較する。
② 「小問」の組み立て方を比べる。
③ 理解の手掛かりになる図，グラフなどを比較する。
④ まとめの言葉を比較する。
⑤ 練習問題やたしかめ問題を比較する。

① 取り上げている素材を比較する

○教科書比較で一番はっきり見えることは，取り上げている素材の違いですね。
　「えっ，こんな素材もあるのか！」と比較していると，楽しくなってきます。
　「どのような素材を持ってくれば子どもたちは楽しく学習できるか」各社とも知恵を絞っていますから，一番興味がわくところです。
○小学校6年生の新しい教材として取り上げられるようになった「場合の数」の導入部分「並び方」の場面を見てみましょう。
○各社とも新しい教材なので，子どもたちが興味を引くような場面設定にするように工夫しています。
　① 4人が一列に並んで写真を撮る場面での並び方。
　② 遊園地で観覧車やゴーカートなど4つの乗り物に乗る順番の決め方。
　③ 3人でリレーチームをつくり，走る順番の決め方。
○このように，3社の例だけ見てもそれぞれにおもしろい場面設定がなされていることに気付かれるでしょう。
○皆さんも気付いたと思いますが，導入素材の数に違いがあります。
　「並び方」の導入で，「4種類の並べ方」を素材として取り上げる。
　あるいは，「3種類の並べ方」を素材として取り上げる。
　「3種類にするか」「4種類にするか」
　並び方を探る提示の数を考えてみるきっかけがつかめます。
○このように，教科書比較をしていると，自然に教材の扱い方に着目できるようになります。
　教科書比較をする意味がここにあります。

② 「小問」の組み立て方を比べる

○今度は，ポピュラーな「小数」の扱い方（小3）について見てみましょう。
○どの会社の教科書も水のかさを測り，その際のはしたの量を問題場面として扱っています。
○ところが，問題設定の次に展開される「小問」の流れに微妙な差が見られます。
○（A社）「はしたのかさを表すには，どのようなめもりをつくればよいでしょうか」
　　　　「小さいめもりは，1Lをいくつに等分していますか」
　　　　「はしたのかさは，0.1Lの何こ分ですか」
○（B社）「はしたの大きさを表してみましょう」
　　　　「はしたの大きさを分数で表しましょう」（図あり。目もりは10等分されています。）
　　　　「はしたの大きさの，べつの表し方を調べましょう」
○2社の「小問」の流れを例示しました。
　小学校3年生のきわめてポピュラーな教材です。
　扱っている素材も水の量のはしたの処理の問題です。
　しかし，「小問」の流れに大きな違いがあります。
　1Lの等分から0.1を導き出している小問の流れ。
　10等分から分数での表示をもとに，小数0.1を導き出そうとしている小問の流れ。
　似たような流れになっているように見えますが，大きな違いがありますね。
○このように，「小問」の流れを比較して見ていくと，子どもたちにどのように指導していけばよいかの筋道が見えてきます。

（どの流れがよいかについては，皆さんで検討してみてください。）

③　理解の手掛かりになる図，グラフなどを比較する

○「分数の表し方」（小4）を例に比べてみましょう。
○A社は，いくつもの大きさのテープ図を示し，その大きさを分数で表した後，「真分数」「仮分数」の用語を入れてまとめています。
　B社は，テープ図と数直線を併用して，いくつかの分数を表示し，「真分数」「仮分数」の用語を押さえています。
　C社は，いろいろな大きさの分数を数直線上に表示させた後に，「真分数」「仮分数」の用語を指導するようになっています。
○さらに細かく比較していくと，「真分数」「仮分数」の用語解説が微妙に違っています。
　「真分数」→1より小さい分数。
　　　　　　分子が分母より小さい分数。（分子＜分母）
　「仮分数」→1に等しいか，1より大きい分数。
　　　　　　分子と分母が同じか，分子が分母より大きい分数。
　　　　　　　　　　　　　　　　　　　　（分子≧分母）
　また，丁寧な会社は，数直線を併記して2つの分数の大きさの境目を示してあります。
○このように指導を展開していく際の図，数直線等の扱い方に微妙な違いがあることが分かります。
○「分数の表し方」の部分だけを比較してみても微妙な違いがあることが分かります。もっと進めて，「分数のたし算・ひき算」。さらに学年を進めて「分数のかけ算・わり算」になると，理解の手助けとなる図示にはかなりの違いが見られるようになります。
○教科書比較を通して，微妙な違いに気付くと，自然に子どもに適した教材の扱い方が見えてきます。

教科書比較をしていると,「なるほど,ここが指導のポイントか」と自然に納得できるようになってきます。しかも,指導場面で,即,活用できる方法も分かります。

④ まとめの言葉を比較する

○まとめの言葉も教科書によって微妙に違います。
　「真分数」「仮分数」の例でお分かりだと思います。
○「まとめの言葉」を比較する時には,ゴシック表示か囲み枠の箇所に注目されると一見して違いを見つけることができます。

⑤ 練習問題やたしかめ問題を比較する

○不思議なことに,導入問題に使われる数値は各社共通している場合が多いです。
○ところが,練習・たしかめ問題になると各社の特色が発揮され,同じではありません。
　定着を主にしている問題。一ひねりされ,学習したことを単純適応しただけでは解けない問題が入っているものもあります。数学的な活用力,数学的な読解力の育成を秘かに見込んでいるのだろうと推察される問題も見受けられます。
○「教科書比較をするお楽しみ」として,これ以上説明することをあえて避けておくことにします。
○教科書比較は,生きた教材研究になります。
　ぜひ,挑戦してみることをお勧めします。

5　指導要領をもとに教材の確かな理解を！

指導の方針がぶれないようにするためには，どのような教材研究をすればいいのですか？

◆教科書等を使って教材研究を進めていくと，「どうしてこのような活動をさせるのか」など疑問に思うことが多々出てきますね。

◆また，指導計画を立てていると，「時間も掛かり過ぎるから，このような活動を省いて指導しようかな」などと指導計画に迷うこともありますね。

◆このような時，何を手掛かりに指導の方針を決めればいいのでしょうか。

教科書でしょうか。先行実践例でしょうか。あるいは，ベテラン教師の助言をもとにすればいいのでしょうか。

指導方針を決める「学習指導要領」

① 「学習指導要領」を基底において，指導方針を決める。
② 「学習指導要領」を読み込む。

---

①　「学習指導要領」を基底にする

○2年生の教材に「三角形・四角形」の指導が出ていますね。

教科書を見ると，いろいろな活動が記載されています。

動物を直線で囲む活動。モールを使って三角や四角を作る活動。ある

第Ⅲ章　授業に生きる教材研究の仕方

　　いは，三角や四角を使って舟や家の形を作る活動など。
○一見すると「時間もないのに，なぜ，このような活動をわざわざ取り入れるのか」と疑問に感じますね。
　　また，「子どもたちに作業をさせれば時間も掛かる」
　　「その上，準備もたいへん」
　　「さっさと，三角形や四角形の仲間分けでもさせて，分からせればいいのに……」と思いますね。
○そこで，「学習指導要領」を開いてみます。
　　「図形を構成する要素に着目し，三角形，四角形などの図形について理解できるようにする」と記載されています。その後に「平面図形としては，三角形，四角形，正方形，長方形，直角三角形について指導する」と述べられています。
　　ここまでならば，指導する内容の事柄ですから理解できます。
○問題は，次の項です。
　　〔算数的活動〕として「正方形，長方形，直角三角形をかいたり，作ったり，それらで平面を敷き詰めたりする活動」と明解に記載されています。
　　つまり，「算数的活動を通して」三角形や四角形の特色をつかませていくことを重視するということです。
○算数科の目標である「算数的活動を通して」に対応した指導の筋道を示しています。
　　ですから，「手間が掛かるから，ズバリ仲間分けの活動だけで指導する」という方法は，簡便なようですが，算数科の目標に照らし合わせてみると適切な指導方法でないことが分かります。
○このように，指導上の疑問，指導方針の迷い等を感じた時は，「学習指導要領」をもとに考え直してみることが，解決の一番の近道です。
○特に，授業の公開をするような場合には，「学習指導要領」を徹底的

に読み込み，指導の方針，ねらい等を確実に理解しておくことが肝要です。

公開される指導案を見ると，学習指導要領を読み込んで作成したかどうかは，一見して見抜かれるものです。ご用心を！

② 「学習指導要領」を読んでみよう！

○「失礼ですけど，あなたは，学習指導要領を読んだことがありますか」現場の先生方に尋ねると，驚きの声が返ってきます。
　「忙しくて，学習指導要領など読んだことはありません」と。
○最近の学校現場の忙しさは，学校訪問等を通してよく分かっているつもりです。
　しかし，「学習指導要領を読んでいない」という答えにはいささかがっかりさせられます。
○私たちは，プロ教師です。学習指導の根幹をなすものは，学習指導要領です。
　今回のように大きな改訂がなされた場合は，特にきっちり読み込まなければなりません。
○「毎日少しずつ」という方法では，忙しさに流され継続できません。
　夏休み等の長い休業中に，一気に読む方がいいと思います。
　どのような方策を採ってもいいです。とにかくプロ教師の面子に掛けて，学習指導要領は読破する必要があります。
○学習指導要領に関していろいろな解説書が出版されていますが，私は，文部科学省が著者権を所有している解説書をお勧めします。
　全教科編に目を通すことが一番ですが，最低自分が専攻している教科については必読です。
○プロ教師の威信に掛けて，学習指導要領には目を通しましょう。

第Ⅲ章　授業に生きる教材研究の仕方

6　教材の構造をとらえる教材研究

> 教材を教える意味を深く理解して指導してこそ，子どもたちに高い学力をつけられると考えます。
> では，どのような教材研究をすればよいのですか？

◆素晴らしい考えをお持ちですね。
　現場の指導に追い回されていると，「どのように教えればよいか」ばかりに目が奪われがちになります。
　教材を教える意味や価値まで深く考えることを忘れてしまいますね。
◆指導することの原点に立ち戻り，教材の持つ意味，仕組みをしっかり分析することは，きわめて大切なことですね。
◆私もかつて，「教材構造の分析研究」に挑戦したことがあります。
　その経験をもとに分析法について語ってみましょう。

教材の構造をとらえる教材分析の仕方

① 親学問（数学）の仕組みを知る。
② 教材の数学的な構造を把握する。
③ 指導事項を具体的にとらえる。
　　（指導内容の構造を一覧表としてまとめる。）

（注）　すべての単元で実施することは，個人の力では無理です。
　　　研究的な単元で試みるか，プロジェクトを組んで分析するなどの工夫が必要です。

① 親学問（数学）の仕組みを知る

○算数，理科に関しては，親学問の仕組みがはっきりしています。
　特に，算数を支える親学問は，数学で，その仕組みもすっきりしています。
○ここで取り上げる事例は，「比例」（小6）です。
　「比例」は，小学校算数の中でも重要単元です。
　数量関係のまとめの単元でもあり，中学校で学習する関数への橋渡しになる単元です。
○面倒でも，学生時代に勉強した「関数」に関する本を紐解いてみることからスタートしなければなりません。
○「関数の本」と聞いただけで，「もういいです」と思われるでしょう。
　しかし，関数に関する難しい問題を解くのではありません。
　関数の考え方と仕組みの輪郭が見えれば充分ですから，関数に関して解説した本に目を通してみてください。

② 教材の数学的な構造を把握する

○小学校における「比例の指導」という前提のもとで，関数（比例）の仕組みを整理してみます。次の図のようにまとめることができます。

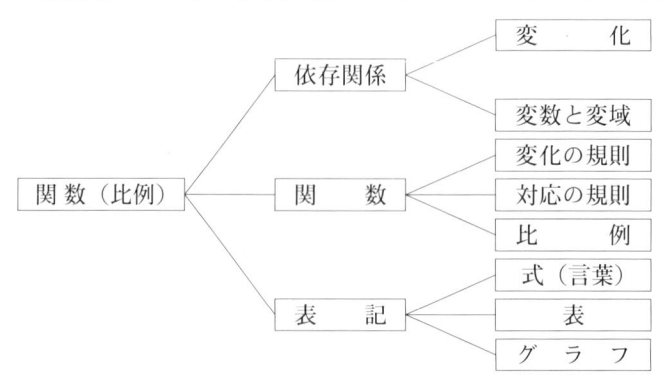

```
                         ┌─ 変　化
              ┌─ 依存関係 ─┤
              │          └─ 変数と変域
              │          ┌─ 変化の規則
関数（比例）─┼─ 関　数 ─┼─ 対応の規則
              │          └─ 比　例
              │          ┌─ 式（言葉）
              └─ 表　記 ─┼─ 表
                         └─ グラフ
```

○関数（比例）の仕組みを図示してみると，教材の構造が見えてきます。

③ 指導事項を具体的にとらえる

○比例（関数）に関する構造の仕組みの概要がつかめたところで，教科書等を参考にしながら指導事項を具体的にとらえる作業を展開します。

変　化	1	2つの数量がともなって変わる関係にある
	2	一方がふえると他方もふえる関係にある
	3	一方がふえると他方はへる関係にある
変数と変域	4	変化する量と変化しない量とがある
	5	変量には自変量と従変量とがある
	6	変化する量には範囲がある
対応の規則	7	1つのXに対してただ1つのYが対応する
	8	対応は順序対で表される
比　例 （変化の規則）	9	Xの値がn倍になるとYの値もn倍になる（YはXに比例する）
	10	X_2/X_1 と Y_2/Y_1 とは等しい
	11	XYの対応する比の値は等しい
	12	商が一定のとき比例する（YはXに比例する）
式（言葉）	13	比例の関係は Y／X＝a と表される
	14	aは決まった数である
	15	比例の関係は Y＝aX の式で表される
表 グラフ	16	比例のグラフは原点を通る直線である
	17	aは直線の傾きを表す

○教材の構造を分析し，その結果をまとめると上記のような「一覧表」となります。ここまで分析すると，教材の仕組みがはっきり見えてきます。

○しかし，このままでは授業の組み立てには使えません。

そこで，この「一覧表」をもとに，指導内容をきっちり押さえた「指導のねらい」を明確にする作業を行います。

「指導のねらい」を一覧表にまとめ上げると，教材の構造を基盤にした明確な指導目標を打ち立てることができます。

○大変手数の掛かる作業ですが，教材の構造をとらえた指導目標を明確にするには，このような作業を通らなければ完成できません。

○すべての単元で実施することは，1人の力では無理です。

しかし，1つの単元でもじっくりと時間を掛けて分析作業の経験を積むと教材を見抜く眼力が付いてきます。

このような分析作業の経験を積まないと「算数指導のベテラン」の域には到達できません。

○「算数指導の達人」をめざして，一度挑戦されることをお勧めします。

（注）　参考資料として，教材の構造分析を踏まえて作成した「指導目標の一覧表」を次に記載しておきます。

教材の構造を踏まえた指導目標〔小6・比例〕

1	2つの数量がともなって変わる関係にある事例をあげることができる
2	2つの数量がともなって変わる関係場面から，変化する2量を表に表示することができる
3	「一方がふえると他方もふえる事例」と「一方がふえると他方はへる事例」とに類別することができる
4	2量の関係場面から変化する量（変量）と変化しない量（定量）とを判別することができる

5	もとになる変量（自変量）と，ともなって変わる変量（従変量）とを区別することができる
6	変量の範囲のあることが分かる
7	2つの数量をそれぞれ，それらの変量がとる値の集まりとして表すことができる
8	2つの数量の間には，一意対応の関係があることが分かる
9	対応を順序対で表すことができる
10	2つの数量A，Bがあるとき，Aの値がn倍になると，Bの値もn倍になるとき，BはAに比例することが分かる
11	比例する2つの量A，Bの間には，$a_2/a_1＝b_2/b_1$の関係にあることが分かる
12	比例する2つの量A，Bの間には，$b_1/a_1＝b/a$の関係があることが分かる
13	具体的な2量の関係場面から，比例するものを見分けることができる
14	比例する2つの数量の関係を文字を使った式（$Y＝a×X$）で表すことができる
15	きまった数（a）とはYの値÷Xの値であることが分かる
16	きまった数とは，事象の中にあるもので，事象によって変わるものであることが分かる
17	比例する2量の関係をグラフに表す手順を知り，グラフに表すことができる
18	比例のグラフは，原点を通る直線であることが分かる
19	比例のグラフからXの値に対応するYの値をよみとることができる
20	比例の式の「きまった数」が変わると，比例のグラフの傾きが変わることが分かる

「行動言語」「思考言語」とは

　「行動言語」「思考言語」という言葉はあまり耳にしないと思いますので，少し解説しておきましょう。

　さて，「行動言語」とは，どんなことでしょうか。日常行っている算数の授業を思い描きながら探ってみましょう。

　「見る」「書く」「触れる」「分ける」「切る」「折る」「作る」など，どんどん挙げることができますね。

　では，「思考言語」として，どのような言葉（短文）が頭に浮かびますか。

　思考行動を誘う言葉として，「まず，○○をして」「次に，○○をします」「そして，○○を見つけ出します」が思い浮かびますね。

　さらに，思考を進める言葉として，「前に学習したことを生かせないかな」「共通している点はないかな」「違う点はないかな」「きまりは，ないのかな」などの言葉が挙げられます。

　もっと，思考を深めていく時の言葉として，「他の場合はどうか」「いつでも使える考えか」「見方を変えたらどうなるか」が挙げられます。

　「行動言語」「思考言語」は，学習活動を作り出す時に威力を発揮します。「行動言語」「思考言語」と「教えたい内容」とを結びつけていくと，学習活動のイメージが具体的に膨らんできます。一度試してみられることをお勧めします。

第IV章

授業づくりの作法

　算数の授業づくりに，ごく当たり前の「常套手段」というものがあります。
　「常套手段」と言うと「何だー，常識的なことか」と軽く受け止められます。
　ところが，「常套手段」の中にこそ，先達の英知が結集されています。

　授業力量を高めるには，先達の英知が結集されている「常套手段」を，まずマスターすることです。

　ここでは，「授業づくりの作法」として，授業を組み立てる時の方法をまとめて紹介しましょう。

　「授業の基本作法」を習得され，授業力を高められることを祈っています。

1　授業構想づくりのポイント

> 子どもたちが楽しく学び合う授業を組み立てたいのですが，算数の授業を組み立てる際に大切な事柄は，どんなことですか？

◆授業構想を描こうと思っても，何の手掛かりもなしでは描けませんね。しかし，あまりにも形にとらわれていると，独創的な楽しい授業は描けません。

◆ここでは，算数の授業構想を描く最低限の7つのポイントをあげてみましょう。

授業構想づくり・7つのポイント

① 指導のねらいを明確に。
② 課題（問題）を明確に。（学習のまとめとの対応）
③ 子どもが飛びつく学習素材。
④ 理解を深める楽しい学習活動。
⑤ 子どもが燃える発問づくり。
⑥ 子どもの力に合った授業展開。
⑦ 子どもの思考の流れに対応した授業づくり。

---

① 指導のねらいを明確に

○指導のねらいを明確にすることは，授業を構想する基本中の基本です。いまさら，取り立てて説明する必要のないことです。

第Ⅳ章　授業づくりの作法

○ところが,「指導のねらい」を明確に把握していない場合が意外に多いのです。

　特に, 新しい教科書になってから指導のねらいの把握が曖昧になっている傾向が目立ちます。

○新しい教科書の教材の中に少し発展的な考え, 数学的な読解力の育成を意図したねらいを内包させている場合があります。

　P.68に例示しましたが, 5年生に「合同な三角形の描き方を利用して, 平行四辺形を描く問題」が教科書に記載されています。「合同な三角形を利用する描き方か……」と簡単に受け止めていると, とんでもない勘違いの解釈となります。合同な三角形の利用の仕方の中に, 条件の解釈, 数学的な読解を内包させている教材提示がされています。

○指導のねらいを今一度, 心して吟味しないと, とんでもない勘違いを起こします。

②　課題（問題）を明確に

○課題の設定は, 授業のスタートとなります。ですから, 課題をどのように設定するかによって授業の展開が大きく変わります。

○課題をきっちり設定するためには, 当たり前のことですが, 授業のねらいとの関係をしっかり吟味する必要があります。

○授業のねらいは, 教材分析から明確になります。教材をどのように解釈するか, 教材の中核になる考えは何か。これら教材の基本的な分析を行うことによって, 授業のねらいが浮き彫りになってきます。

○このように述べてきますと, 課題の設定が授業構想づくりの第一に手掛けなければならない作業のように受け止められがちです。

　「あ〜あ, 難しいな」「理屈っぽくて, 気が重くなるな」と言いたくなりますよね。

○でも, あまり気を重くしないでください。

課題の設定は，大切な作業ですが，課題の設定から手掛けることはありません。課題の設定を後回しにして，楽しい活動を思い描くことから授業構想を立てていくこともできます。むしろ，活動の流れを豊かにイメージした方が楽しく授業の構想を描ける場合が多いのです。
○もともと物事を構想する作業とは，事柄を組み合わせたり，連想したり，逆から仕組みを見直したりすることです。ですから，楽しい活動を連想している間に，「どのような課題を設けて切り込めばいいのか」と問い直す場面に出会います。その時，課題の設定に関して再度吟味するという方法もあります。
○課題設定での留意点は，学習の最後のまとめとの対応です。
　たとえば，学習のまとめが「分母の異なる分数のたし算は，通分して分母を揃えると計算できる」とします。
　このまとめに到達するには，課題は，「2/3＋3/5の計算は，どうしたらできるでしょう」ではありません。
　もっと一般化した「分母の違う分数のたし算は，どうしたら計算できるか」です。
　微妙な違いですが，**課題とまとめとの整合性**を押さえることが課題設定では，きわめて大切なことです。

③　子どもが飛びつく学習素材

○「授業のネタさがし」とよく言われるように授業にどのような素材を選ぶかは，楽しい授業・知的に燃える授業づくりには欠かせない作業です。
○「授業の素材（ネタ）」は，日頃から物事に広い関心を持ち，体裁に縛られずに見聞を広げていないと見つかりません。考え出したとたんに，即，見つかるものではありません。
○素材の選定に当たっては，2つのことについて気配りする必要があり

第Ⅳ章　授業づくりの作法

ます。

「素材にどのような広がりの仕組み（論理）が含まれているか」

「素材は，新しい学習の発想の原点を培うか」

この２点について吟味する必要があります。

「素材の選定」の項（P.96）で詳しく述べます。

④　理解を深める楽しい学習活動

○算数科の目標に「算数的活動を通して」とあげられているように，授業を進めるには，どのような活動を授業展開の中にはめ込むか，重要な点です。

○また，算数の学習は，問題解決型で進められます。

　ですから，問題を解決する上で有効な手助けとなる算数的活動を授業展開の中に組み込むことが大切です。

○子どもたちは，聞いたり，話し合ったりしながら学びます。また，見る，触る，分けるなどの作業活動を通しても学びを広げます。

　どのような活動をさせるかによって，授業は大きく変わります。

○教えたい事柄を見定め，子どもたちが実際に活動している場面を思い描くことは楽しい創造の世界です。

○しかし，子どもたちの学習活動を無造作に素手で描こうとしてもイメージがわいてきません。活動イメージを描くにも方法・コツがあります。「教えたい内容」と「行動言語」「思考言語」等とを結びつけて活動イメージを描いていきます。（詳しくは，P.88をご覧ください。）

（注）　活動イメージを描いていく方法については，拙著『**山本昌猷のこうすればうまくいく授業づくりの知恵と技**』（黎明書房）で具体事例をあげて述べてあります。ご一読ください。

⑤　子どもが燃える発問づくり

○授業の展開，思考の進展を決定づけるものは，発問ですね。
　発問の重要さは，日々の授業を通して常に痛感させられます。
○授業の成功を左右する発問をどのようにして作るか。
　ここがなかなか見えてこないところです。
　教師は皆「発問は大切」と意識しています。
　でも，「では，発問はどのようにして作りますか」と正面から問われると即答に困りますね。
○これも後で詳しく語りますが，発問を作る方法・コツがあります。
　教材や場面によって異なり，一般化した普遍的な方法は，なかなか見つけられませんが，発問の作り方のコツはあります。(P.13参照)

⑥　子どもの力に合った授業展開

○授業づくりの最善の方策は，「目の前にいる子どもたちに合った授業」を作り出すことですね。
○5分間ほどしか学習に集中できない教室では，長い時間を掛ける作業を通して考えさせる授業展開は無理です。
　逆に，考えを広めたり，深めたりする力が育っている教室で，小さなステップの解決を繰り返す細切れ型の授業を行うと，子どもたちは物足りなさを感じます。
○子どもたちにどれだけの学習する力＝学習力が育っているかによって，授業展開を工夫していかなければなりません。
　だから，他の教室で実践した授業をそのまま自分の教室で実践してもうまく流れないのです。
○子どもの学習力をきっちり鍛えることも大切なことです。
　学習力の育て方については，第Ⅱ章で述べた通りです。

⑦ 子どもの思考の流れに対応した授業づくり

○子どもの学習力に合った授業を作ること。と同時に，子どもの思考の流れに対応した授業を作ることも，授業づくりでは欠かせない重要なポイントです。

○子どもたちは，基本的には既習の考え方を手掛かりに思考を進めます。しかし，どのような既習の経験とつなげて発想するか。また，どこに着目して思考を展開するか。思考の展開の仕方は多様です。

○子どもたちの多様な考えに対応した授業を進めるには，あらかじめ子どもの思考展開を読み上げておくことが重要です。

○最近の指導案には，「つかむ」「見通す」「解決する」「発表する」「学び合う」「まとめる」等の学習過程が明記されています。
学習過程に沿って，問題や課題も明記されています。その上，どのような学習活動を展開していくかについてもきめ細かに記載されています。

○しかし，子どもたちがどのような思考の流れをたどりながら問題の解決を進めていくのか。思考の流れを明記した指導案をあまり見ません。

○ですから，学習活動の流れは見えますが，肝心の思考の流れが全く見えません。

○思考の流れを想定するからこそ，子どもたちは，どこでどのようなつまずきを起こすのか，また，どこで個別の手立てが必要になるのか，指導の手立ての根拠が見えてきます。

○「思考の流れ図」を書くことによって，子どものつまずき，指導の手立て，個別への対応がはっきりと見えてきます。

○指導の作戦を練り上げる基盤は，子どもの思考の流れを読み切るところにあります。

2　素材・問題の選び方

> 「先生の授業は、教科書の問題ばかりでおもしろくない」と子どもたちに言われます。
> 授業を楽しくする素材をどのように探せばいいでしょうか？

◆「今日は、○ページの問題を考えます」というような授業の切り出しでは、子どもたちを授業に引き付けることはできませんね。

◆教科書の問題（素材）では、おもしろい授業が作れないということでは決してありません。ただし、授業の切り出し方は工夫する必要がありますが。

◆素材とは、買い物、お風呂の水張り、ジュースの分け方など、問題づくりのネタになるものです。
　また、問題とは、ネタをもとに、生活場面の出来事を算数的な問いの形にしたものです。（「問題」と「課題」とは、違います。課題の設定の仕方のところでお話します。）

◆さて、算数の授業を楽しくする素材（問題）をどのように探し出すか。また、問題（素材）には、どのような条件が必要かについて考えてみましょう。

授業を楽しくする素材・問題の選び方

① 子どもの身近な生活と結びついていること。
② 素材・問題にどのような広がりの仕組みが含まれているかを吟味しておくこと。

第Ⅳ章　授業づくりの作法

①　子どもの身近にある出来事

○子どもたちが問題に親しみを持つことが，授業の出発点となりますね。「なんのことなの……」「知らないことだ……」という反応が返ってくるような問題では，授業になりませんね。

○ですから，指導書や学習指導要領等では，「子どもの身近な事象を取り扱う」というように，内容の扱い方が必ず付記されていますね。

○子どもの身近な事象とは，子どもの日々の生活に起きている出来事のことです。

たとえば，買い物の場面，おいしいジュースを分ける場面，お風呂に水を張るお手伝いの場面などです。

○なぜ，身近な事象を取り上げるのでしょうか。

子どもたちに興味や親しみを持たせるだけなのでしょうか。

身近な事象を取り上げるのは，見たことがある，実際に行ったことがあるなどの経験・体験を持っているためです。

○なぜ，経験・体験の素材（問題）を取り上げるのでしょう。

経験・体験があるということは，問題を解決していく上での発想の素地があるからです。完全な形に固まっている素地ではありません。

しかし，頭のどこかに素地になるものが刷り込まれています。

改めて，算数の問題として問われた時，頭のどこかに刷り込まれていた素地が芽を吹き出し，解決の手助けとなります。

○目に見えない解決の働きを頭の中で手助けしているからこそ，身近な事象を取り扱うのです。そして，解決を通して，事象の中に含まれる算数の仕組みを学んでいくわけです。

○身近な素材を取り上げるのは，子どもに興味や親しみを持たせるだけではない。解決への見えない発想の素地が素材の中に隠れているからだと，とらえておくことが肝心です。

② 素材（問題）の広がり

○最近，子どもの生活習慣づくりのスローガンとして「早寝，早起き，朝ごはん」があげられています。
　そこで，「朝ごはん」を6年生の「場合の数・組み合わせ」の素材として取り上げてみることにします。
○「朝ごはん」……身近な生活問題で，しかも生活習慣のスローガンとなっていますから，最高の素材です。
○Aさんの朝食を（ご飯，味噌汁，目玉焼き）とします。
　「食べ方の順序が何通りあるでしょう」という問題とします。
○Aさんの朝食という素材の中には，変えることのできる隠れた変数が含まれています。
　「ご飯，味噌汁，目玉焼き」という日本型食事を「パン，コーヒー，サラダ」と洋食型にも変えられます。
○算数的には，3品から4品にと，**数を変える**ことができます。
　また，6品から3品を選んでバイキング方式というように，**条件を変える**こともできます。
○このように，素材の中には，必ず変数が隠れています。
　この変数を上手に広げていくことによって，算数の仕組みを深く理解させる指導へと誘っていくことができます。

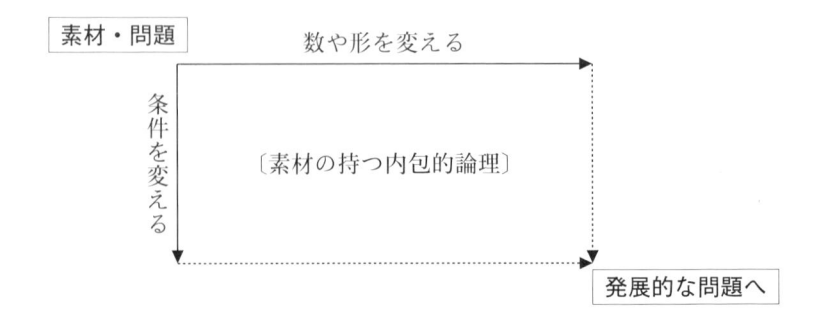

```
┌─────────┐      数や形を変える
│ 素材・問題 │─────────────────────┐
└─────────┘                      │
  条                              │
  件   　　　〔素材の持つ内包的論理〕
  を                              │
  変                              │
  え                              │
  る                              ▼
  └─────────────────────→ ┌─────────┐
                              │発展的な問題へ│
                              └─────────┘
```

○このように，素材（問題）の中には，変数が隠れています。
　私は，これを「素材の持つ内包的論理」と呼んでいます。
　素材の中に隠れている「内包的論理」を見抜いておくことによって，授業を楽しく膨らませていくことができます。
○教科書で扱われている問題（素材）も決して子どもに合わないものではありません。
　教科書は，プロ中のプロが知恵を絞って編集されたものです。ですから，教科書の問題も日々の授業で大いに活用しましょう。
　ただし，問題の中に隠れている内包的な論理（変数）を見極めて活用することが大切です。
○教科書の問題を解くだけの授業では，子どもたちに知的な追求の楽しさを味わわせることができません。
　そのような授業を日々繰り返していると，子どもたちから「また，教科書の問題なの」という不満の声を招くことになります。
○算数の授業に使える素材（問題）を探すことは，楽しい教師活動の1つです。
　毎日の日常生活の中に，算数の授業で使える楽しい素材がたくさんあります。楽しい素材を探し出せるかどうかは，教師の意識にかかっています。常に頭の中に「算数のネット」を張り巡らせておくと，算数の授業に使える素材を自然に見つけることができます。

3 課題の設定の仕方

> 指導案検討会等で、「問題と課題とは、違うのよ」と言われます。「問題」と「課題」とは、どのような違いがあるのでしょうか?

◆「問題」と「課題」との違いなど、授業を進める上でどちらでもいいのではないか。言葉遊びのように思われるかも知れませんね。
◆算数の授業は、問題解決型の学習として展開されます。
　問題解決学習の過程では、「問題」と「課題」は、はっきりした違いがあります。
◆「問題」と「課題」との違いを明確に意識することによって、筋道の通ったすっきりした授業を組み立てることができます。
◆ここでは、「問題」と「課題」に触れながら「課題の設定の仕方」について述べてみましょう。

課題の設定の仕方

① 「問題」と「課題」とをはっきり区別する。
② 「まとめ」との対応を考えて設定する。

---

① 「問題」と「課題」との違い

○「問題」と「課題」。
　この2つの違いをはっきり把握することによって、すっきりとした授業を組み立てることができます。

第Ⅳ章　授業づくりの作法

では、「問題」と「課題」とに、どのような違いがあるのでしょうか。
○最近、各学校でいろいろな「ECO活動」に取り組まれていますね。たとえば、3年生の学級で牛乳パックの回収活動に取り組んでいるとします。
○「牛乳パック集め」は、3年生の「たし算（筆算）」のよい素材となります。毎日子どもたちが取り組んでいる活動です。まさしく身近にある典型的な事象です。算数授業の最高の素材です。
○子どもたちは、集めた牛乳パックを毎週集計しています。
先週は375個、今週は264個集めたとします。
すると、次のような問題が生まれます。

（問題）　牛乳パック集めをしています。
　　　　　先週は375個、今週は264個集まりました。
　　　　　牛乳パックは、あわせて何個集まりましたか。

これが、子どもたちの身近にある出来事から算数の場面に乗せた「問題」です。
○子どもたちは、この問題を解決するために、まず式を作ります。
　（式）375＋264
式は、抵抗なく作ります。
次に、何個になったかの答えを求めようとします。
○しかし、「375＋264」の計算を筆算でしようとしても、やり方がはっきりしません。
3位数の筆算の仕方をつかまなければ、何個か答えが出てきません。算数の問題としてどうしてもはっきりしなければならない事柄が出てきます。つまり、算数学習の課題が出てきます。

> （課題）　大きい数の筆算は，どのようにして計算するのだろう。計算の仕方を考えよう。

○「問題」とは，子どもたちの身の回りに起こっている出来事を算数の場面としてとらえたものです。
　「課題」とは，「問題」から一歩踏み込んで，解決しなければならない算数の問題として浮き彫りにしたものです。
　つまり，「課題」とは，算数の問題として処理しなければならない算数上の問題ということです。

② まとめとの対応

○「375＋264」の問題から「大きい数の筆算の仕方を考えよう」という課題が設定されます。
○課題は，「学習のまとめ」ときっちり対応していなければなりません。375＋264の筆算の仕方を探ることを通して，最後には，大きい数の筆算の仕方をはっきりさせることがねらいです。
○この学習のまとめは，次のようになります。

> 大きな数の筆算は，
> ・まず，位を揃えて筆算の形に書く。
> ・1位数の位から順番に計算する。
> ・繰り上がりに注意をしながら計算する。

○課題「大きな数の筆算の仕方を考えよう」は，「まとめ」ときっちり対応しています。
○もし，課題を1つの具体事例だけを取り上げた「375＋264の計算の

仕方を考えよう」にすると，大きな数の筆算のまとめと対応しなくなってしまいます。

つまり，「375＋264の計算の仕方」だけのまとめとなり，一般化したまとめとはなりません。

○課題の設定に当たっては，「学習のまとめ」との対応をしっかり押さえておくことが大切です。

○課題の設定が学習のまとめと対応しているということは，本時の授業のねらいとも対応しているということです。

「授業のねらい」が「学習のまとめ」と対応し，「課題」は「まとめ」と対応している。だからこそ，授業に一本筋の通った授業展開となるのです。

○課題の設定は，授業の組み立ての上できわめて重要な意味を含んでいます。ですから，言葉の吟味も合わせて慎重に行う必要があります。

4　算数の学習の流れ

> 算数の授業は，問題解決の学習として流れを組み立てますが，どのような点に配慮して学習過程を組み立てればいいのですか？

◆算数の授業は，一般的には「問題解決型の学習」として組み立てられます。

問題解決型の学習過程は，表現の仕方は各学校で異なっていますが，ほぼ同じですね。

◆「問題解決型の授業は，時間が掛かり過ぎる」という悩みを多くの人が持っています。

ズバリ教えてしまえば簡単ですが，子どもたちに考えを練り上げさせ，原理や規則性を見つけさせる授業展開は時間が掛かります。

◆また，問題解決の手掛かりがあるのか。問題解決のどの場面で子どもたちに集中的に考えさせるのか。どのような話し合いの場面で時間を掛けるのか。授業の力点の置き方が難しいところですね。

問題解決型の授業構成のポイント

① 身近で興味が持てる具体性のある問題を提示する。
② 問題解決の手掛かりが布石されている。
③ 自力で解決に迫れる学習力に適合している。
④ 個別の支援をする手立てがはっきりしている。
⑤ 子どもたちの練り上げで考え方や見方が高められる。

◆言葉の使い方は少々異なりますが，一般的な問題解決の授業の流れは，次のようになっています。

問題解決学習の流れ

- （ア）「問題をつかむ」→どんな問題かをつかむ。
- （イ）「課題をつかむ」→何が課題かをはっきりさせる。
- （ウ）「見通す」　　　→既習を活かして解決の筋道を立てる。
- （エ）「解決する」　　→見通しにもとづいて，自力で解決する。
  - →個別の支援をする。
  - →他の場面に置き換えて広めて考える。
- （オ）「発表する」　　→言葉，式，図を使って解決法を説明する。
- （カ）「話し合う」　　→解決法を比べ討議する。
  - →考え方や見方を広める。
- （キ）「まとめる」　　→分かったこと，考え方を言葉にまとめる。
- （ク）「適用する」　　→類似の問題を解決する。

① 身近で興味が持てる問題を提示

○問題提示が授業のスタートとなります。

スタート時点で，どれだけ子どもたちを授業に集中させられるかが，授業の勝負どころの１つです。

その鍵を握っているのが，「問題の提示」です。

○問題は，子どもたちの生活経験の中から拾い出します。

そのような問題には，興味を持ちやすいからです。

たとえば，買い物の場面，遊園地での遊びの場面，花壇づくりの場面などがよく取り上げられます。

○問題提示で気を配らなければならないことがあります。

問題に興味を持つだけでは，問題としての価値がありません。

問題を解決していく中で，算数的な考え方や見方をどれだけ膨らませていけるか。提示する問題の中にどのような考え方や見方を引き出す要素（論理）が含まれているか。このことについてしっかり吟味しておく必要があります。

○「身近で興味のある問題＝いい問題」とは必ずしもならないことに，気配りしておきましょう。

②　解決の手掛かりの布石

○算数の授業は，既習事項を土台にして成り立っています。

既習の土台が見えない状態の中で「さあ，考えてみましょう」「解決してみましょう」と誘いかけても，解決できません。

○解決の手掛かりとなる事柄を自然に布石するところが，算数の授業を組み立てる最大のポイントです。

○「この考えを使って解決しましょう」という誘いかけでは，自力解決になりません。解決できたとしても，子どもたちの中に「解決の喜び」がわいてきません。

○私は常に「もどる土俵」（P.12で紹介しています）として，授業の導入部分でさり気なく布石を入れて授業を組み立ててきました。「もどる土俵」が解決の見通しを立てる素地となります。

○子どもの解決作業は，ひらめきではありません。これまでの学習経験と結び付けながら推論したり，推量したりしながら解決へと迫っていくものです。

解決の手掛かりのない授業を組み立てれば，間違いなく空転した授業展開となります。

「見えない布石をする」——これが算数の授業組み立てのコツです。

③　子どもの学習力との適合

○どれだけ素晴らしい問題解決の授業を組み立てても，肝心の子どもたちの学習力に適合していなければ，これまた授業が空転することになります。

○子どもたちの学習力と適合しているか見極めるには，教師の働きかけと子どもたちの反応とを対応させて，授業の組み立てを見直してみることです。

○学習力と適合しているかどうかを見極める方法には2つあります。
　1つは，「思考の流れ図」を書いてみる方法です。
　もう1つは，「授業シナリオ」を書いてみる方法です。

○「思考の流れ図」（具体例はP.120～123）「授業シナリオ」（具体例はP.110）を書いてみると，「このような発想の考えは出てこない」「こんな解決の方法は思い付かない」など，目の前の子どもたちに適合していない部分が見えてきます。

○　私たち教師は，意外に理屈先行型に授業を組み立てるクセがあります。じっくりと子どもたちの学習力を見つめ直してみると，目の前にいる子どもたちに合った授業を作り出すことができます。

④　個別の支援策

○どの教科の授業もそうでしょうが，特に算数科の授業には個人差が際立ってはっきりと現れます。
　自力で解決できる子は，どんどんと解決し，「他の解決方法はないか」と先へ先へと学習を進めていきます。

○ところが，解決への見通しも不明で，何をどのようにしていけばよいかつかめずにいる子がいます。
　このような子どもたちには，個別の支援が必要です。

どの場で，どのような方法で，どのような支援を行うか，あらかじめ方策を練り上げておく必要があります。
個別の支援策のない授業は，上滑りの授業展開となります。
○通常行われる個別の支援策は，机間支援をしながら，その場で個々に助言指導を加える方法で行われます。
一見，丁寧な指導が展開されているように見えますが，この支援策には大きな落とし穴が隠れています。
○まず，短時間の机間支援の中で支援を必要とする子どもすべてに助言支援ができません。途中で時間切れとなり，支援の手が加えられないままで終わることがほとんどです。
○ですから，授業を組み立てる際にきっちりした個別の支援策を練り上げておく必要があるわけです。
○有効な支援の方法は，2つあります。
1つは，「個別支援コーナーの設置」です。
授業の準備として，あらかじめ「個別支援コーナー」を設けておきます。（日常活動の中でコーナー設置をしておけば，いつでも気軽に活用できます。）
もう1つは，「隠し黒板」という方法です。
教室に移動式の小黒板を準備し，他の子どもたちには見えないように設置します。
個別支援が必要な子をその黒板の周りに集め，補足説明をします。
解決の見通しが立った子から，自分の座席へ戻り，解決作業を進めます。
○この2つの方法は，きわめて効果があります。（「個別コーナーの設置」「隠し黒板の活用」については，拙著『山本昌猷のこうすればうまくいく授業づくりの知恵と技』（黎明書房）に詳しく記載しました。ぜひご一読いただき，広く活用されることを期待しています。）

⑤ 考え方や見方の練り上げ

○問題解決学習の一番重要な場面が考え方や見方の練り上げですね。
　自力で問題を解決し，解法について発表させます。
　重要な学習は，ここからです。
○たとえば，三角形の面積の求め方（小5）を追求している学習場面を思い描いてみてください。
　子どもたちは，三角形を長方形や平行四辺形に変形し，面積を求めます。
　そこで，「三角形の面積の求め方には，いろいろな方法があるのですね」とまとめてしまっては，問題解決，討議に時間を掛けた意味がありません。
○子どもたちの比較検討を通して，いろいろな変形方法から共通な原理を導き出さなければなりません。
○底辺を半分にして高さをかけ算し，長方形に変形して求積している。
　高さを半分にして底辺をかけ算し，長方形に変形して求めている。
　三角形を2つ組み合わせて平行四辺形に変え，半分にして求めている。
　高さを半分にして底辺をかけ算し，平行四辺形に直して求めている。
　このような多様な求め方から，三角形の求積方法の共通性を討議を通して導き出す。つまり，子どもたちの思考の練り上げが重要です。
○面積を求める式変形の共通性を見つける練り上げ活動を通して，結局は「底辺と高さをかけ算し，その半分で面積を求めている」という結論づけが問題解決のゴールです。
○「問題の解決の仕方にはいろいろあるよ」の段階で止まってしまう問題解決学習から，「解決方法にはいろいろあるけれども，結局は共通した原理で解決している」と気づかせます。
　そして，「数学的な考え方をつかませる学習」へと高めることが，問

題解決学習の最大の課題です。

授業シナリオの見本―小2算数・「直角さがし」―

教師の働きかけ	理想的な子どもの反応
（提示）封筒を見せる 「何が出てくるのかな」 　・ゆっくり引き出していく 「いくつ出てくるかな」 「ほんとに4つ出てくるかな」 「4つ出てくるといいね」 （1ヵ所だけ直角でない形） ＊直角探しへの興味づけ	・出てくる形に集中する。 ・「直角だ！」（前時とつなげる） ・「3つだよ！」「4つだよ！」 　（画用紙を予測して考える） ・「四角い紙だから，4つだよ」 ・「へー，そんなのあり？」 　「直角のところ，一杯あるよ！」

5 楽しい学習活動づくり

> 算数的な活動というとどうしても考える活動が多くなり，楽しい活動が生まれません。
> どうしたら楽しい学習活動を作れるのですか？

◆算数の活動は，既習事項とつなげて考えたり，いくつもの事柄から共通する規則を見つけたり，式や図，グラフにまとめたりする活動が中心になりますね。

◆「算数は，考えを練る教科」ですから「考えること」が中心になるのは，教科の特質からやむを得ない点ですね。

◆しかし，作業活動などにもっと楽しい活動を取り入れることもできるのではないでしょうか。

◆この項では，学習活動の層について考えてみましょう。

算数を楽しくする4つの学習活動の層

① 頭で考えることを中心にした活動
　（言葉，数式，記号等を使って考える）
② 目で見て考えることを中心にした活動
　（図式，絵図，矢印，囲み等を使って考える）
③ 手を動かすことを中心にした活動
　（集める，写す，ブロックを並べる等の活動を通して考える）
④ 体を使うことを中心に考える活動
　（持つ，歩く，動作化する等，体を通して考える）

① 算数的な活動には,「4つの層」がある

○算数的な活動というと,絵図や図を描く,式を作る,グラフに表す等を思い浮かべます。
　しかし,算数の授業を豊かにする活動は,そればかりではありません。多様な活動があります。
○たとえば,1万という数の大きさをつかませる場面を考えてみましょう。
　既習の数の大きさをもとに,5000＋5000,2000＋8000 ととらえさせることもできます。
　また,1センチ方眼用紙を使い,タテに100個,ヨコに100個を塗りつぶし1万個の大きさを目で見て実感させることもできます。
　さらに,わら半紙の束(1000枚)を10束,持ち上げてみる。重さを通して1万の大きさを体感させることもできます。(ちなみに,3年生の子どもは,4束くらいしか持ち上げられません。)
○このような活動を授業の流れに連続性を持たせるように組み立て,実施します。

第Ⅳ章　授業づくりの作法

　子どもたちは，1万という大きさに感激の声を上げ，実感を伴って理解を深めていきます。
○もちろん，最終的には，「位取り表」に1万を位置づけ，算数としての理解定着を図ります。
　（この実践例に関しては，拙著『山本昌猷のこうすればうまくいく授業づくりの知恵と技』（黎明書房）に詳しく紹介しました。ご参照ください。）
○このように，算数的な活動は，式，図，表，グラフ等を描いたり，説明したりする活動ばかりではありません。多様な活動の広がりが考えられます。
○長年の実践を通して，算数的な活動は，「4つの層」に整理できることをつかみました。

②　豊かな算数的な活動を取り入れよう

○算数的な活動には，4つの層があることを意識することによって，子どもたちが楽しく学習できる活動を見つけ出す手掛かりができます。
○最近，「算数的活動を通して，筋道立てて考えたり，理解を深めたりすること」が重視されています。
　ところが，算数的活動がブロックの操作，テープ図での表現など，きわめて幅の狭い活動になっている場合が多く見受けられます。
　子どもたちは，「また，ブロックか」「今度も，テープ図の勉強か」と活動の固定化に飽きています。
○時間のゆとりがある時には，もっと多様な，レベルの違う活動を取り入れ，算数のおもしろさをぜひ実感させたいものですね。
○「4つの活動の層」を活動探しのネットとして張り巡らせていると，思わぬところに楽しく効果的な算数的な活動を見つけることができます。「4つの活動の層」を上手に活用されることを期待しております。

6　子どもが見える

> 研究授業の整理会等で,「あなたは,子どもが見えてるの？」とよく言われます。
> 「子どもが見える」とは,どんなことですか？

◆私はこれまでに,素晴らしい授業を実践される先輩教師の方々から多くのことを学ばせていただきました。

「すごい授業をされる先生だ」と思った時には,すかさず,その先輩教師に質問をしました。

凄腕の先輩教師から共通に返ってきた言葉があります。

それは,「子どもが見える」という言葉でした。

◆教師なら皆,子どもの動きや発言に注意を払いながら授業を進めていますね。

丁寧に子どもを観察しているのに,どうして「子どもが見えていますか」と言われるのでしょうね。

◆「子どもが見える」とは,どんなことか,私の経験も含めて語ってみ

「子どもが見える」とは

① 「子どもが見える」とは,子どもの思考の流れが予測できるということです。
② 「子どもの見える化」の手法を習得することが大切です。
③ 「子どもが見える」力量を高めることが,授業力を高める基礎です。

ましょう。

① 「子どもが見える」とは

○「子どもが見える」とは，子どもたちの思考の流れが予測できるということです。

凄腕の教師は，子どもの考えを的確に予測できる教師です。
○私は，かつて「子どもが見える教師」に出会いました。

国語研究会に参加した時のことです。

運よく私の横に，顔見知りになっていた「国語の凄腕の先生」がおられました。

公開されている国語の授業展開を見ながらコメントされました。

（公開授業での私語は厳禁ですが，今回はお許しくださいね。）
○「今，あの子の発言を大きくとらえたら混乱する。皆が問題にしている視点と違うことを強調している」

「今は，主人公を取り巻く環境の移り変わりを探っているのだから，主人公の心情を述べている意見は，サラリと聞き流しておく。板書に残したら授業が見えなくなる」

「子どもが見えていないのですよ」

「子どもたちが今問題にしていることに対して，どのような考えを持っているのか予測が立っていないのでしょうね」

「子どもの考えの流れを先読みできないと，授業を組織していくことはできません」

このようなコメントを授業の流れに沿って，独り言のように語り続けられました。
○授業が終了した時，「大変失礼なことをしましたね。公開授業中に独り言ばかり語り，迷惑をおかけしましたね」と謙虚につぶやかれました。

「とんでもありません。いい教えをいただき、感謝しております。ありがとうございました」と深々と私はお礼を言いました。

独り言をあえてつぶやきながら、さり気なく授業の極意を教えようと気遣われた大先輩教師。さすが「達人」と敬服させられました。

○国語の達人のコメントを聞きながら、大きな収穫を得ました。

「子どもが見えるとは、子どもの考えの先読みができるということである」という極意を学びました。

○貴重な経験を契機に「子どもの思考の流れ」を探る実践を積み重ね、「子どもが見えるとは、子どもの思考の流れが見えることである」ときっぱり言えるようになりました。

○余談になりますが、凄腕の先輩教師が身の回りにおられたら、徹底して喰い下がってみられることを推奨します。素晴らしいことをたくさん学べます。ぜひ、凄腕の教師に出会われることを念じています。

② 「子どもの見える化」の手法

○「子どもが見える」とは、子どもの思考の流れが読めることです。

そこで、子どもの思考の流れの読み込み方を心得ておく必要があります。

○思考の流れを読み込む方法として「思考の流れ図」を事前に作成するやり方があります。

授業を組み立てる際のきわめて基本的な作業です。

○提示された問題に対して、どのような考え方をするか。また、その後、どのような考えを繰り広げながら予想するか、考えの正しさをどのように根拠付けようとするか。

このように子どもの思考の流れを授業の結論付けまできめ細かに読み込んでいきます。

○「思考の流れ図」を書き上げると、授業方策がはっきりしてきます。

第Ⅳ章　授業づくりの作法

　　子どもたちが，どこでどのようなつまずきを起こすか。
　　つまずきにどのような手立てを打てばよいか。
　　子どもの考えを広げるには，どのような揺さぶりを掛ければよいか。
　　考えを絞りまとめ上げるには，どのような発問を入れればよいか。
　　このような授業の細かな手立ての打ち方が見えてきます。
○「思考の流れ図」の具体例は，次の項で詳細に事例を提示します。

③　授業力量を高める基礎的な作業

○まず，手掛けることは，子どもの観察です。
　　教師は，子どもを見ているようですが，意外に見ていないものです。
　　教師の思い込みで子どもを眺めていることがほとんどです。
○私にも未熟な観察力しかないと反省させられた経験があります。
　　発言しようとしている子がいます。その子をよく見ていると発言する前に必ず2,3回机から手を離し，挙手しようとします。
　　でも，最後の勇気がわかず挙手しないままで過ぎていきます。
　　私は，その子のしぐさを見逃し，「あの子は，発言しない子」と見定めていました。
　　ある時，授業中，手が動いていることが気に掛かり，手が2,3回動いたその瞬間に「あなたは，どんな考えなの」と尋ねると，自分の考えをはっきりと発表しました。
　　「すごい考えを発表する子だ」と，自分の観察力の甘さと思い込みに気づかされたそんな苦い経験があります。
○「子どもに分かりやすく」「具体的に」とかいう言葉を指導案に幾度ともなく書いてきました。
　　しかし，「具体的」とは，実際の場面でどのような言葉かけなのか。どのような言い回し方なのかをつかんでいませんでした。
○学びは，身の回りにあります。

かの松下幸之助氏の名言
『学ぶ心さえあれば，万物すべてこれ，わが師である』
もう一度かみ締めたいものですね。

子どもをつかむ小さな修業

　子どもをつかむ力をつける簡単な修業の方法があります。

　子どもたちに「朝自習」等をさせている時間に，教師が子どもたちの机の間を巡回します。巡回しながら，机の上に消しゴムが出ていたかを見て回ります。

　一巡した後に黒板の前に立って，「消しゴムを出していた子は，誰と誰だったか」を思い浮かべてみます。

　はっきりと「あの子とあの子が出していた」と言えたら合格です。

　なかなかつかめない場合には，巡回する人数を半分にして繰り返してみます。

　何度も繰り返して試みている間に，「あの子とあの子が消しゴムを出していた」「机の右端に置いてあった」とはっきり言えるようになります。

　子どもの掌握力が高まった証拠です。

　このようなちょっとした楽しい修業が授業の中で，子どもの考えをつかむ力となって生きてきます。

　誰でもできる手軽な方法です。

7　思考の流れ図

> 「思考の流れ図」を見たことがないのですが、どのようなものですか。
> 具体事例があると分かりやすいのですが……？

◆最近、「思考の流れ図」を載せている指導案を見ることがなくなったようですね。
その代わり、「評価基準」等がきめ細かく記載されています。
これも教育の流行なのでしょうか。

◆「思考の流れ図」は、無理に指導案に載せなくてもいいです。
でも、子どもに分かる授業、子どもに合った指導を展開するには、「思考の流れ図」を書くことはきわめて大切な作業です。

◆前の項でも触れましたが、子どものつまずき、個別への対応、明確な発問の切り込みの仕方などが、「思考の流れ図」から見えてきます。

◆「思考の流れ図」をきっちり書き込まないから授業の力量が高まらないのではないかとさえ思えます。
事例として示す「思考の流れ図」を書けるようになるまでには、私もずいぶんと修業をしました。

◆「この問題を見た時、子どもたちはどのような予想を立てるか」
また、「前の学習とどのように結びつけて考えるか」
さらには、「どのような間違った考えをするか」など。
メモを書きなぐり、授業に臨みました。授業後、授業中の反応と事前に予測したメモとのズレを探りました。このような繰り返しの作業を通して、「思考の流れ図」が書けるようになってきました。

事例① 速さの導入時間の「思考の流れ図」

1. **素材の提示**
   （素材の提示）
   問題を設定する

   (素材)
   A 120m 20秒
   B 100m 20秒
   C 100m 18秒

   (問題)
   3人のなかで だれが一番速いでしょう

2. **速いと思う人を予想する**（自由な予想）

   - Aが速い — 走った距離が一番長いから
   - Bが速い — 数が小さいから
   - Cが速い — 時間が一番短いから

3. **理由づけをする**（自分の考え）

   距離だけでは決められない

   AとBでは
   - Aの方が速い
     - A 120÷20=6
     - B 100÷20=5
     - 数（6）が大きいからAが速い
   - Bの方が速い
     - A 120-20
     - B 100-20
     - 長さから時間は引けないよ
   - 時間が同じときは距離の長い方が速い……A

   AとCでは
   - Cが速い
     - 100m20秒はおそい
   - 距離だけでは決められない

   BとCでは
   - Cの方が速い
     - 距離が同じとき時間がCの方が短い
   - 距離が同じときは時間の短い方が速い……C

   AとCでは
   - AとCともに速い
   - AとB A速い
   - BとC C速い

4. **作業課題の設定**（作業課題）

   距離も時間もちがうAとCのどちらが速いのだろう

5. **調べ方をさがす**（調べ方）

   時間をそろえればよい

距離をそろえればよい	時間をそろえればよい	引いてみればよい	くらべやすくしてみる
A 600m100秒 C 600m108秒	A 20÷120 C 18÷100	A 10秒60m C 10秒55m	A 120÷20 C 100÷18	A 120-20 C 100-18	A 120:20 60:10 30:5 6:1

6. **作業**（発表）

   | A 10m 1.7秒
C 10m 1.8秒 | A 1mを進むのに
C 0.17秒
0.18秒 | A 1080 m
C 1000 m
180秒
180秒 | 1秒の間に
Aは6m進む
Cは5.6m | 120-100=?
20-18=? | C 100:18
50:9
25:4.5
5:0.9 |
   | 1mあたりでもくらべられる | 1mあたりでもくらべられる | | 1秒あたりでもくらべられる | 距離から時間は引けない
引いてもくらべられない | くらべやすくできない |

第Ⅳ章　授業づくりの作法

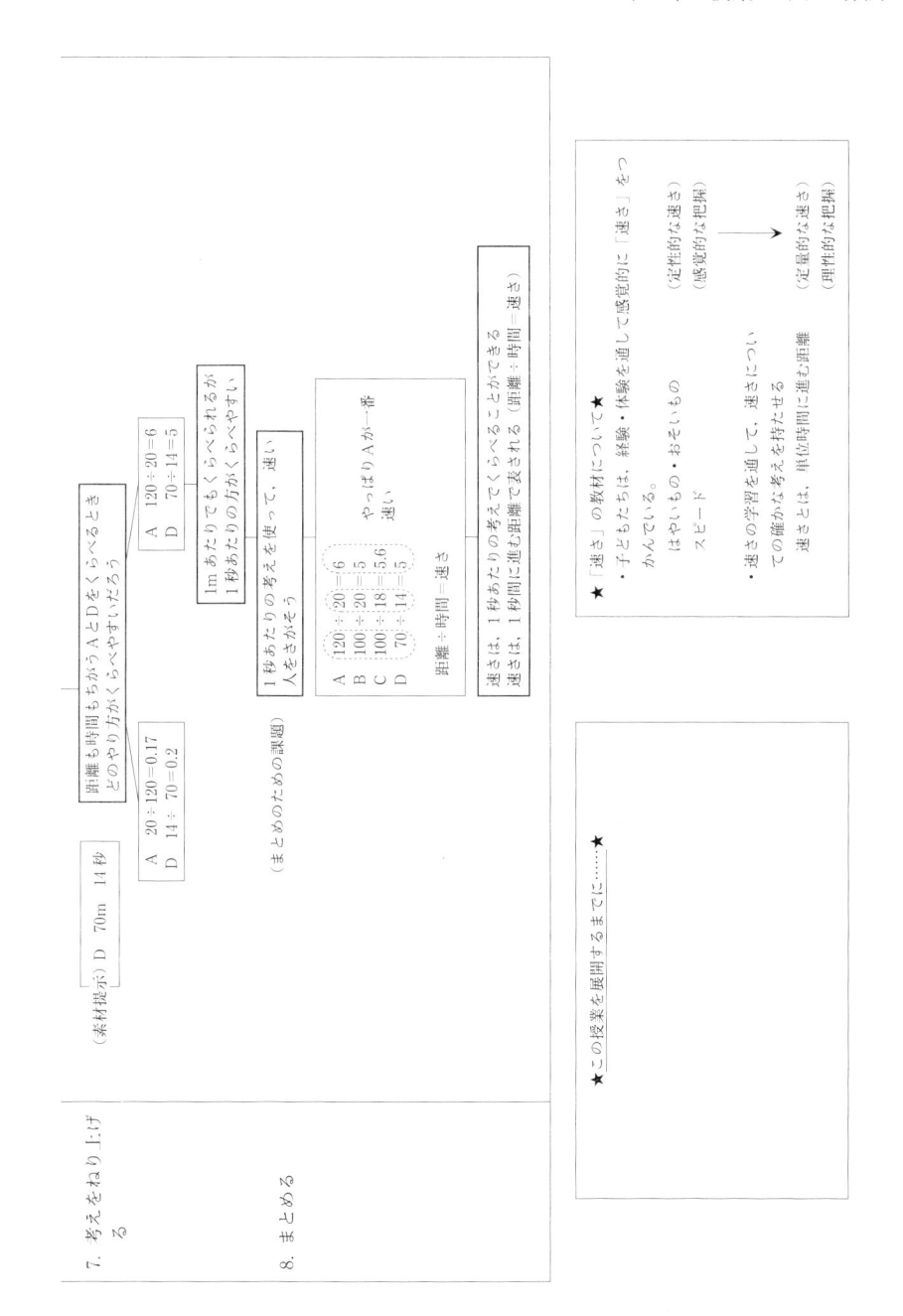

7. 考えをねり上げる

（素材提示）D 70m 14秒

距離も時間もちがうAとDをくらべるときどのやり方がくらべやすいだろう

A 20÷120＝0.17
D 14÷70＝0.2

A 120÷20＝6
D 70÷14＝5

1mあたりでもくらべられるが1秒あたりの方がくらべやすい

1秒あたりの考えを使って、速い人をさがそう

A 120÷20＝6
B 100÷20＝5
C 100÷18＝5.6
D 70÷14＝5

やっぱりAが一番速い

8. まとめる

（まとめのための課題）

速さは、1秒あたりの考えでくらべることができる
速さは、1秒間に進む距離で表される（距離÷時間＝速さ）

★「速さ」の教材について★

・子どもたちは、経験・体験を通して感覚的に「速さ」をつかんでいる。
（はやいもの・おそいもののスピード）
（定性的な速さ）
（感覚的な把握）
→
・速さの学習を通して、速さについての確かな考えを持たせる
速さとは、単位時間に進む距離
（定量的な速さ）
（理性的な把握）

★この授業を展開するまでに……★

事例②　速さの平均を扱った時間の「思考の流れ図」

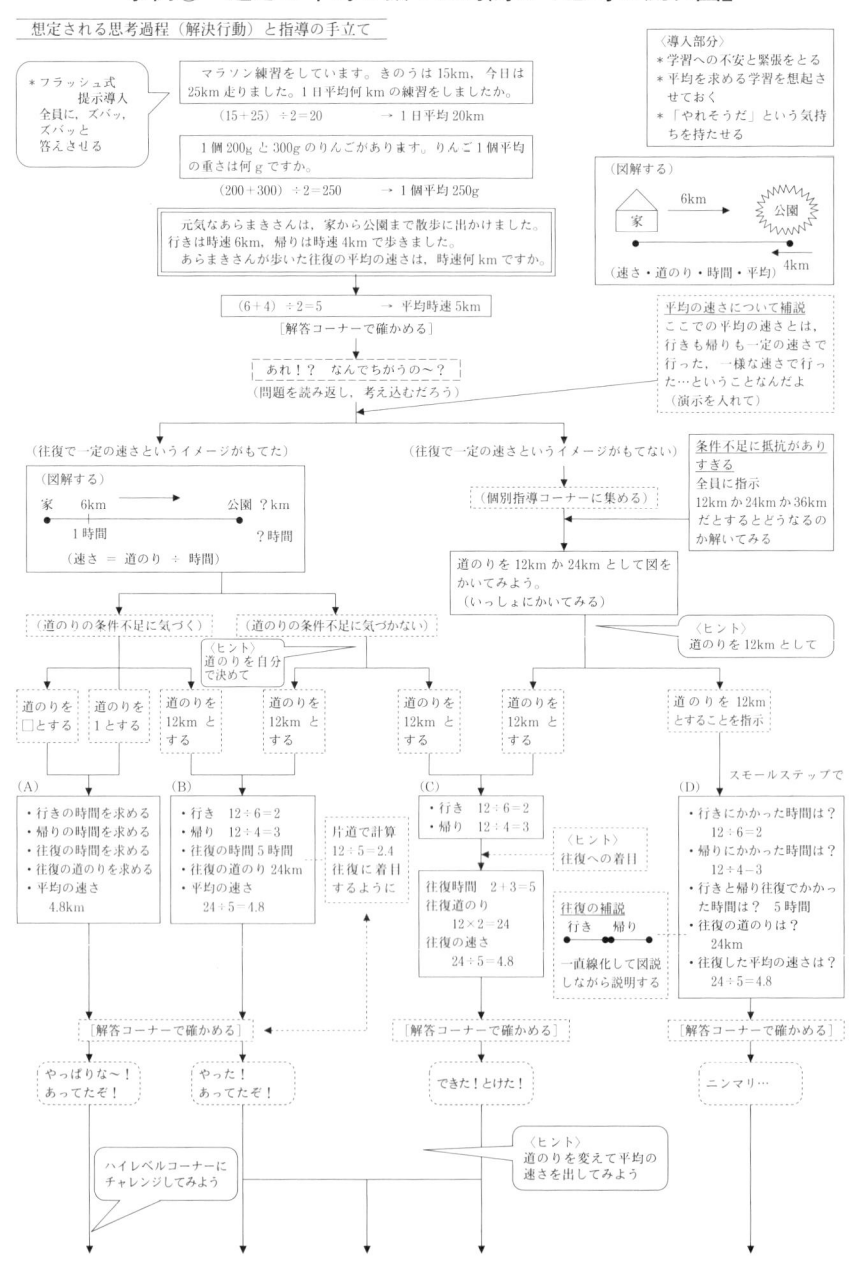

想定される思考過程（解決行動）と指導の手立て

〈導入部分〉
* 学習への不安と緊張をとる
* 平均を求める学習を想起させておく
* 「やれそうだ」という気持ちを持たせる

* フラッシュ式提示導入　全員に、ズバッ、ズバッと答えさせる

マラソン練習をしています。きのうは15km、今日は25km走りました。1日平均何kmの練習をしましたか。
(15+25)÷2=20　→　1日平均20km

1個200gと300gのりんごがあります。りんご1個平均の重さは何gですか。
(200+300)÷2=250　→　1個平均250g

元気なあらまきさんは、家から公園まで散歩に出かけました。行きは時速6km、帰りは時速4kmで歩きました。あらまきさんが歩いた往復の平均の速さは、時速何kmですか。

(図解する)
家 ←6km→ 公園　←4km→
（速さ・道のり・時間・平均）

(6+4)÷2=5　→　平均時速5km
[解答コーナーで確かめる]

あれ！？　なんでちがうの～？
(問題を読み返し、考え込むだろう)

平均の速さについて補説
ここでの平均の速さとは、行きも帰りも一定の速さで行った、一様な速さで行った…ということなんだよ
（演示を入れて）

(往復で一定の速さというイメージがもてた)　　(往復で一定の速さというイメージがもてない)

(図解する)
家　6km　公園　？km
　　1時間　　　？時間
(速さ＝道のり÷時間)

条件不足に抵抗がありすぎる
全員に指示
12kmか24kmか36kmだとするとどうなるのか解いてみる

(個別指導コーナーに集める)

道のりを12kmか24kmとして図をかいてみよう。
(いっしょにかいてみる)

(道のりの条件不足に気づく)　　(道のりの条件不足に気づかない)

〈ヒント〉
道のりを自分で決めて

〈ヒント〉
道のりを12kmとして

| 道のりを □とする (A) | 道のりを 1とする | 道のりを 12kmとする (B) | 道のりを 12kmとする | 道のりを 12kmとする | 道のりを 12kmとする (C) | 道のりを 12kmとすることを指示 (D) |

(A)
・行きの時間を求める
・帰りの時間を求める
・往復の時間を求める
・往復の道のりを求める
・平均の速さ
　4.8km

(B)
・行き　12÷6=2
・帰り　12÷4=3
・往復の時間 5時間
・往復の道のり 24km
・平均の速さ
　24÷5=4.8

片道で計算
12÷5=2.4
往復に着目するように

(C)
・行き 12÷6=2
・帰り 12÷4=3

〈ヒント〉
往復への着目

往復時間 2+3=5
往復道のり 12×2=24
往復の速さ
24÷5=4.8

往復の補説
行き　帰り
一直線化して図説しながら説明する

スモールステップで
(D)
・行きにかかった時間は？
　12÷6=2
・帰りにかかった時間は？
　12÷4=3
・行きと帰り往復でかかった時間は？　5時間
・往復の道のりは？
　24km
・往復した平均の速さは？
　24÷5=4.8

[解答コーナーで確かめる]　　[解答コーナーで確かめる]　　[解答コーナーで確かめる]

やっぱりな～！あってたぞ！　　やった！あってたぞ！　　できた！とけた！　　ニンマリ…

ハイレベルコーナーにチャレンジしてみよう

〈ヒント〉
道のりを変えて平均の速さを出してみよう

第Ⅳ章　授業づくりの作法

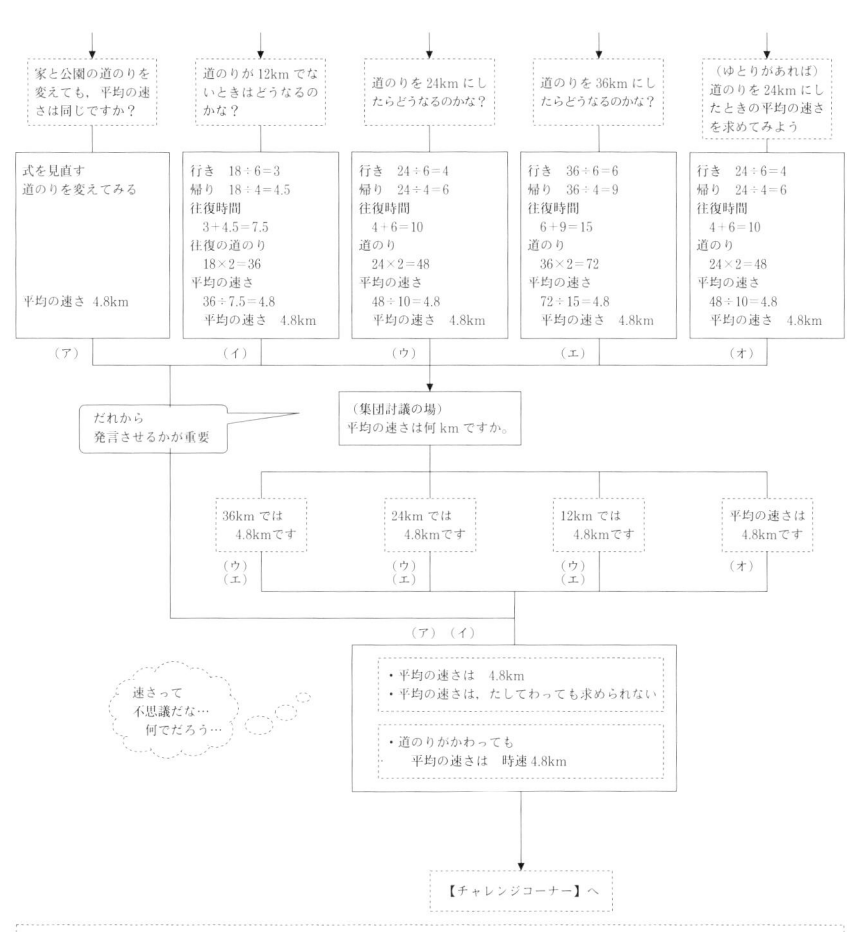

家と公園の道のりを変えても，平均の速さは同じですか？	道のりが12kmでないときはどうなるのかな？	道のりを24kmにしたらどうなるのかな？	道のりを36kmにしたらどうなるのかな？	（ゆとりがあれば）道のりを24kmにしたときの平均の速さを求めてみよう

(ア)	(イ)	(ウ)	(エ)	(オ)
式を見直す 道のりを変えてみる 平均の速さ　4.8km	行き　18÷6＝3 帰り　18÷4＝4.5 往復時間 　3＋4.5＝7.5 往復の道のり 　18×2＝36 平均の速さ 　36÷7.5＝4.8 平均の速さ　4.8km	行き　24÷6＝4 帰り　24÷4＝6 往復時間 　4＋6＝10 道のり 　24×2＝48 平均の速さ 　48÷10＝4.8 平均の速さ　4.8km	行き　36÷6＝6 帰り　36÷4＝9 往復時間 　6＋9＝15 道のり 　36×2＝72 平均の速さ 　72÷15＝4.8 平均の速さ　4.8km	行き　24÷6＝4 帰り　24÷4＝6 往復時間 　4＋6＝10 道のり 　24×2＝48 平均の速さ 　48÷10＝4.8 平均の速さ　4.8km

だれから発言させるかが重要

（集団討議の場）
平均の速さは何kmですか。

36kmでは4.8kmです	24kmでは4.8kmです	12kmでは4.8kmです	平均の速さは4.8kmです
(ウ)(エ)	(ウ)(エ)	(ウ)(エ)	(オ)

(ア)(イ)

- 平均の速さは　4.8km
- 平均の速さは，たしてわっても求められない

- 道のりがかわっても
　平均の速さは　時速4.8km

速さって不思議だな…
何でだろう…

【チャレンジコーナー】へ

(ステップ1)　～単純適応～
- 家から駅まで40kmはなれています。行きは時速8km，帰りは時速5kmで往復しました。平均時速は何kmですか。

(ステップ2)　～複合適応～
- 片道12kmの道のりを，行きは時速4kmで，帰りは時速（　）kmの速さで往復したところ，平均の速さが，時速6kmになりました。帰りの速さを求めなさい。
- 自転車であるとうげまで往復します。行きは上り坂なので時速8km，帰りは下り坂なので時速24kmで走りました。往復にかかった時間は2時間です。とうげまでの道のりは，何kmですか。

(ステップ3)　～単純加減可能～
- 船は，おだやかな湖面では時速40kmで進みます。時速10kmで流れている川では，上りは時速何kmで進みますか。また，下りは何kmで進みますか。

――〔事例　小5算数「速さ」〕―――――――――――――――
- 「速さ」の指導時に作成した2つの事例を示しました。
- **事例①**は，速さの導入時間の「思考の流れ図」です。
  事例②は，速さの平均を扱った時間の「思考の流れ図」です。
  （小さくて見にくいでしょうから，拡大して見てください。）
- 見たとたんに，「こんなに細かいの！」と思われ，元気がなくなったのではないでしょうか。
- 感じられた通りです。
  思考の流れを読み込むとは，気が遠くなるくらい細かな作業なのです。
  当然のことでしょう。
  頭の中をどのように働かせながら問題の解決を進めていくかを読み上げる作業です。人間の頭の中，そんなに簡単に動いているものではないでしょう。
- 一見面倒な作業のようですが，何回か挑戦していると，作業手順も分かるようになり，意外と能率よく作業ができるようになってきます。
- 授業力量を高めるために，どうか挑戦してみてください。
  驚くほど力量がアップしますから……。

第Ⅴ章
時代に対応した新しい授業づくり

> 　最近，現場実践に対して，「学習指導要領が変わったのに，授業は変わっていない」という批評が多く聞かれます。
> 「学習指導要領は，変わりました」
> 「教科書も大きく変わりました」
> でも，以前と同じような現場実践が続いています。
>
> 　問題解決型学習，学び合い学習が主流となって実践されています。
> 　その点に関して問題はありません。
>
> 　問題は，指導内容の量と質に対応した「新しい授業」が工夫され創造されているかどうかです。
> 　時代の変化に対応した「大胆な授業改善」が必要です。
> 　この章では，「算数の新しい授業づくり」を提言してみます。
> 　みなさんも，チャレンジしてみませんか。

1　指導内容の量と質の変化

> 新しい算数の教科書を見て驚いているのですが，どの程度変わってきたのですか？
> また，どのような方向へ変わろうとしているのですか？

◆新しい教科書を調べるとは，すごいですね。
　日々の実践に真面目に取り組まれている姿が目に浮かびます。

◆新しい教科書が公開されましたので，6社から出ている教科書をくまなく比較しながら調べてみました。

◆基本を平成12年度版の教科書に据えて，17年度版，23年度版の教科書の量と質がどのように変化してきているかを調べました。

◆平成12年度版の教科書は，「学校完全週五日制」が実施されていない時期です。土曜日半日，学校で授業が行われていた時期です。

指導内容の大きな変化

① 各学年の教科書は，平均で35パーセント増です。
② 「読み取る算数」など，数学的な読解力を付ける内容等が新たに付加されています。
③ 上の学年や中学校の指導内容に移行していた内容が元に戻ってきています。
④ 計算問題等のレベルが高められています。
⑤ 解決の筋道を式や図などと結び付けて説明する問題が多くなってきています。

第Ⅴ章　時代に対応した新しい授業づくり

◆今回あえて平成12年度版の教科書を基本に据え，問題点を浮き彫りにしました。
◆現場実践において，かなり厳しい条件が見えてきました。
　いくつかの問題点を列記してみましょう。

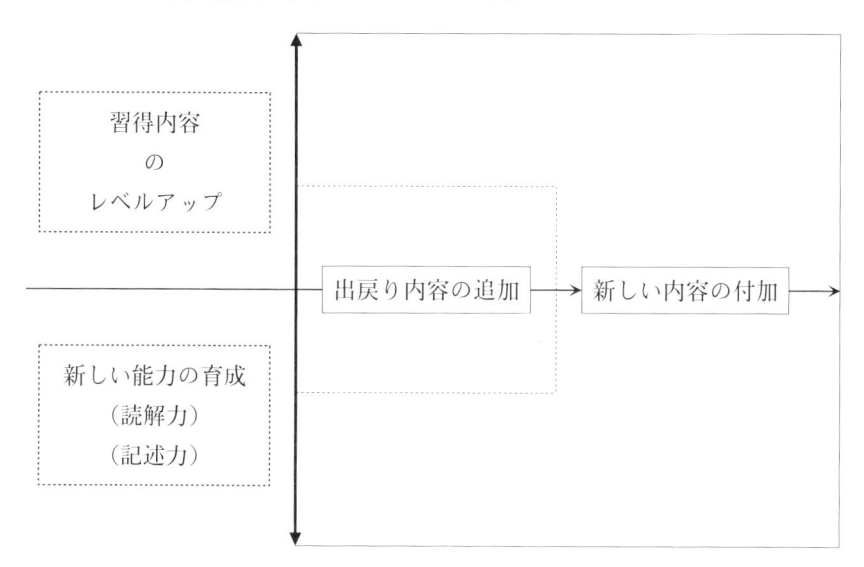

```
                習得内容
                  の
                レベルアップ

                         出戻り内容の追加 → 新しい内容の付加

                新しい能力の育成
                 （読解力）
                 （記述力）
```

○指導内容2割増に対して，指導時間が1割増になっています。
　しかし，たった1割増の時間で，確かな力を付けることができるでしょうか。
○計算問題の処理は，これまで計算の仕方を単純適用すればできる問題ばかりでした。
　平成23年度版では，複合化された計算問題が多く見られます。
　このような複合化された計算を完全習得させる指導が徹底できるでしょうか。
○これまで「文章題」は，尋ねていることと分かっている条件とを簡単に結び付ければ解ける問題がほとんどでした。
　「読み取る算数」等に代表されるような，これまでの教科書になかっ

た数学的な読解力を付ける問題を処理していける力をどのように伸ばしていくか。
○これまでの算数は，正しい答えを導き出すことにウェイトが置かれていました。
　今回の改訂で，答えを導き出した過程を式や図とも結び付けて説明する力の育成が重視されるようになってきました。
　日々の授業の中で，「説明力の育成」にはかなりの時間が取られることになります。
○「説明力」を確かな基本の習得にどのように結び付けていくかが今後の指導過程の大きな問題となります。
○「基本の習得」と「説明力の育成」，そして「活用力の育成」とをどのように関連付けて授業実践を展開していくかが，今後の現場指導に課せられた大きな課題です。

（注）　新しい教科書の内容分析については，拙著『山本昌猷の「学びの技」を育てる学級づくりの知恵と技』（黎明書房）をご参照ください。

2 大胆な授業改善の必要性

指導内容の新しい変化に対応して，どのような授業改善が必要なのでしょうか？
具体的な方策を知りたいのですが……？

◆指導内容が変化したため，授業を改善することは必須条件ですね。今まで通りの授業を進めていたら，必ず「学力の二極化」「落ちこぼれ問題」が発生すると予測されます。

◆基本に据えるべき学習は，「問題解決型学習」でしょうが，授業の組み立てにおいては，問題解決学習そのものにも工夫・改善を加える必要があると思います。

◆どのような改善が必要なのか。また，改善の方向について語ってみましょう。

授業改善の視点

① 「学ぶ楽しさ」が味わえる授業に改善する。
② 効率の上がる授業に改善する。
③ 言語活動が活発化する授業に改善する。
④ 活用力を高められる授業に改善する。
⑤ 明確な成果が上げられる授業に改善する。

---

① 「学ぶ楽しさ」のある授業

○数多くの授業を参観させてもらっています。

しかし，私は，授業に触れるたびに，「最近の授業は，おもしろくないなー」と感じます。
○基礎基本の確かな習得，表現力，説明力の育成，数学的な読解力の育成など，今の算数学習に多くのことが要求されています。
　しかし，学びの基本は，「学びの楽しさ」にあります。楽しさを感じない授業からは，何にも生まれません。確かな習得も保障できません。
○子どもたちは，新しいことを学ぶことに楽しさを感じます。「分かった，できた」に感動します。その上，マジックのような授業の仕掛けに子どもたちは興味津々になります。
　これは，学ぶ者の不易の心情です。
○授業に多くのことが要求されていますが，学ぶ子どもの立場に立って，もう一度「学ぶ楽しさのある授業」を作り出す必要性を痛感します。

②　効率の上がる授業

○指導内容2割増，教科書35パーセント増の状況においては，「授業の効率化」は必須条件です。
　これまでのように，「典型問題の1問だけに挑戦し，話し合い，解決する。そして，まとめをする」というスローテンポの授業展開では，指導内容の未消化を招く恐れがあります。
○「授業の効率を上げること」は，教師から一方的に教え込む授業ではありません。基礎基本の習得と問題を解決していく過程で獲得できる能力とのバランスをうまく両立させていくことです。
○では，どのような授業に改善すれば，効率の上がる授業になるのか。現場教師が一番知恵を出さなければなりませんね。
　「効率の上がる授業」のモデルについては，P.139で提案したいと思います。

③ 言語活動が活発化する授業

○これまでも,「話し合い活動」が授業の中に位置づけられ,言語活動は大切にされてきました。

今回の学習指導要領においては,特に言語活動が重視されるようになりました。

言語活動は,「おしゃべり活動」ではありません。

「子どもたちが授業の中で,たくさん発言した」という授業反省を耳にしますが,言語活動の活性化は,発言の量的な増加をねらっているものではありません。

○算数科における言語活動というのは,「考えを表現し伝え合うなどの学習活動」のことです。

具体的には,思考力,判断力,表現力等を育成するために,言葉,数,式,図,表,グラフを用いて考えたり,説明したり,互いに自分の考えを表現し伝え合ったりするなどの活動のことです。

○授業にどのような場面を設けると,言語活動が活発化できるのか。また,言語活動の活発化によって指導内容の理解がどのように深められるのか。

これらの問題を具体的な指導場面で工夫していく必要が,これからの算数指導で求められていることです。

④ 活用力を高める授業

○「応用力がないよね」

「パターンにはまった問題は解けるが,少しひねった問題を出すと無答の子が多いね」

現場教師の間でよく交わされています。

○「応用問題に弱い」——昔からあった現象です。

文章題を解かせると，出てきた数の順番通りにただ数を並べて式を立てる。このような現象は，以前にもよく見られました。
○しかし，授業の中で，教師も予想しなかった別の解法を見つけ出す子がいました。
残念なことに，最近の授業では，度肝を抜くような発想の解法に気付く子に滅多に出会わなくなりました。
○生活経験の幅が狭くなっていること。また，授業そのものが型にはまった展開が多く，子どもたちの自由な発想をかき立てる展開が少なくなったことも原因の1つにありそうです。
○いずれにしても，「生きる力」を育むには，「活用力」は欠かせない大切な能力ですね。
○量，質ともにアップした内容を習得させ，しかも「活用力」も高める。授業に相当な工夫と改善を加えないと，実現できませんね。
「活用力を高める」をめざした「新しい授業モデル」については，次項で提案したいと思います。

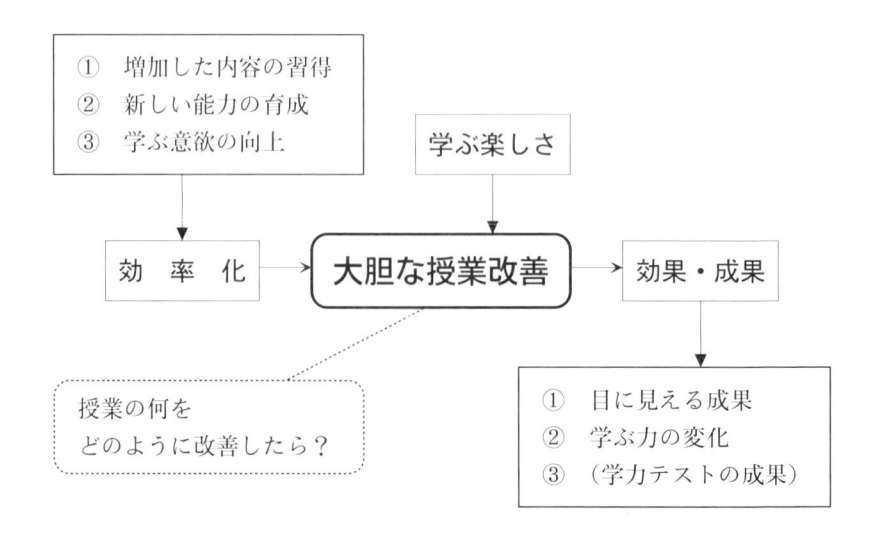

```
┌─────────────────┐
│ ① 増加した内容の習得 │
│ ② 新しい能力の育成   │              ┌──────────┐
│ ③ 学ぶ意欲の向上    │              │ 学ぶ楽しさ │
└─────────────────┘              └──────────┘
         │                              │
         ▼                              ▼
    ┌───────┐      ┌──────────────┐      ┌───────┐
    │ 効率化 │ ───▶│ 大胆な授業改善 │ ───▶│ 効果・成果 │
    └───────┘      └──────────────┘      └───────┘
         ⋮                                   │
  ┌──────────────┐                  ┌─────────────────┐
  │ 授業の何を     │                  │ ① 目に見える成果   │
  │ どのように改善したら？│              │ ② 学ぶ力の変化    │
  └──────────────┘                  │ ③ （学力テストの成果）│
                                    └─────────────────┘
```

第Ⅴ章　時代に対応した新しい授業づくり

⑤　成果が見える授業

○近年の世相には大変厳しいものがあります。
　成果主義です。
○「確かな学力が育つ授業改善に取り組みました」という報告では，誰一人納得しません。
　数値化できる事柄は，数値として公開する。
　また，数値化が困難な事柄については，傾向把握できる評定尺度を作成し，「評定一覧表」として表示する。
　このように，子どもたちの成長・学力の達成状況の成果をきっちり示すことが求められています。
○授業改善への熱心さはもちろん大切なことですが，授業改善を通して，何がどのように変化したのか。変化の状況を目に見えるように表示できなければなりません。
○成果を目に見えるように明示することは，きわめて厳しいことです。
　しかし，大胆な授業改善を行うには，成果の公示という重さに負けずに前進しなければ道は開けません。
○「目に見える成果の明示」という重荷に負けずに，大胆な授業改善を推進していきましょう。

3　算数授業改善の方向

> 思い切った授業改善が必要なことについては，理解できましたが，具体的にどのような改善が必要なのでしょうか？

◆指導内容の変化を詳しく調べると，どなたも「今まで通りの授業では，確かな学力は保障できない」と気付きます。

では，「どのような授業に」「どのような点に配慮して」など，具体的な方向と方策を立てるとなると，なかなか先が見えてきませんね。

◆この項では，子どもたちに「確かな新しい学力」を保障するには，何をどのように改善すればよいのか考えてみることにしましょう。

算数授業改善の方向

① 効率的な授業づくり（「基本充実学習」の確立）
② 確かな学習力が付く授業体制づくり
　　（学習力の習熟，練習学習・個別指導の工夫）
③ 言語活動の活性化（言語化の方法習得）
④ 発展的な学習への挑戦
⑤ 家庭学習の充実と徹底

◆授業改善の方向に関して5つの点を取り上げてみました。

少し，詳しくお話しましょう。

第Ⅴ章　時代に対応した新しい授業づくり

①　効率的な授業づくり

○指導内容が増加し，習得すべき技能レベルも高まっています。
　誰が考えても，今までと同じような授業展開では未消化状態を招きかねないという危機感を抱かれるでしょう。
○典型的な問題を１題だけ解決し，まとめをする。
　このような問題解決型の学習展開では，内容習得も不完全な状態となり，指導の究極に求められているような「活用力の育成」にまで到達できません。
○算数授業の基本形は，問題解決型の学習展開です。
　しかし，これまでのような「のんびり問題解決型の授業」では，学習指導要領が要求する算数的な力量を習得させられません。
　もっと効率的な授業展開が必要です。
○「効率的な授業づくり」とは，教師の一方的な教え込み型の授業をめざすものではありません。
　子どもたちの思考の練り上げを通して，算数の原理や仕組みを習得させていく授業です。
○「授業の効率化」は，「内容の確かな習得」と「思考の練り上げ」というきわめて難しい２つの要素をクリアしなければなりません。
　現場教師の英知が問われる課題です。
○私は，「**基本充実学習―ミニサイクル方式―**」という授業スタイルを新しく考えています。（次の項で詳しく提案します。）

②　確かな学習力が付く授業体制づくり

○確かな力は，授業だけで付けられるものではありません。授業を中核に据えながら，練習学習や個別学習等を組織化していく必要があります。

○しかし，毎日同じような機械的な繰り返し練習では，子どもたちの学習意欲を低下させてしまいます。
　技能を完全習得できる楽しい練習学習を作り上げることも現場に課せられた課題の1つです。
○また，確かな学習力は，計算，漢字等の習得だけではありません。
　物事を学び取っていく時の基礎である「読み取る力」「記述する力」「考える力」等の習得も重要な力です。
○授業の効率化を図るためには，学ぶ力の充実が不可欠です。
　「学習力を高める方法」については，第Ⅱ章で詳しく述べてあります。

③　言語活動の活性化

○「学ぶ力」の中核をなすものは，言語力です。
　「読み取る力」「記述する力」「考える力」の根幹は，言語力です。
○今回の学習指導要領でも，各教科において「言語活動」を重視しています。
○算数の授業でも必ず「話し合いの場」が持たれます。
　自分の解き方を発表するとともに友達の解法とを比較します。
　この場面で，言語活動が活発に行われます。図，式，グラフ等を活用しながら，考えや意見が相手に伝わるように工夫しながら話し合いが繰り広げられます。
○算数の授業において，言語活動が活発化するかどうかは，「話の見える化」にかかっています。

④　発展的な学習への挑戦

○一度ゆっくりと6社から出版されている教科書を比較することをお勧めします。
　各社の特色が浮かび上がってきておもしろいですよ。

第Ⅴ章　時代に対応した新しい授業づくり

○各社ともいろいろなタイトルを付けて発展的な学習を提示しています。「チャレンジさんすう」「算数おもしろ探検」などのコーナーです。見ているだけで楽しくなる問題が記載されています。
○「トイレットペーパーの芯を斜め螺旋で切り開きます。どんな形の展開図になるでしょう」という問題もあります。
　展開図の発展的な学習です。
　若手教師の講座でこの問題に挑戦してもらいました。
　手でトイレットペーパーの芯を形作りながら目を白黒させ，イメージを描いていました。
　そして，「長方形になる」と「平行四辺形になる」との2つの答えが返ってきました。
　教師でも関心がわき，本気で考えるおもしろい問題です。
○また，ある教科書には，「天秤と100g，300g，900gの3つのおもりがあります。3つのおもりを組み合わせると何グラムの物を量れるでしょうか。いろいろな組み合わせを作って考えてみましょう」という発展的な問題が単元の最後に記載されています。
○「活用力を高める」というねらいから，発展的な問題への挑戦が進められるようになってきました。
　子どもたちは，発展的な問題には興味を持ちます。
　発展的な問題への挑戦を通して，「算数のおもしろさ」に触れさせていきたいものですね。

⑤　家庭学習の充実と徹底

○今の指導内容を完全習得させ，確かな学力を築くには，「家庭学習の充実」は必須条件です。
○「学力調査（テスト）日本一」と報道されている県の実態調査では，「宿題量も日本一」という隠れた実態もあるほどです。

○指導内容の量的な増加と質のレベルアップという現状の中では，家庭学習は内容習得の大きな比重を占めます。
　また，「学びの習慣」「学びの力」を身に付けさせるためにも家庭学習は重要な意味があります。
○ただし，「家庭学習調べ表」で家庭学習の様子をチェックするというような方法では，子どもたちに「学びの習慣」「学びの力」等を培うことはできません。
○家庭学習は，生涯学び続ける「学びの基本の確立」の上でも重要な働きがあります。
　家庭学習を指導内容の完全習得という観点からだけでなく，「学びの基本姿勢の確立」という観点からも見直す必要があります。
　家庭学習が担う根底の意味を見直し，家庭学習の充実と徹底を図っていきましょう。

4 確かな算数力をつける「基本充実学習」（新提言）

> 指導内容の増加に伴い，授業に大きな工夫を加える必要があります。
> 大胆な授業改善のアイディアはありませんか？

◆指導内容が2割増えた上に，算数の授業に新しい要望が加味されています。
　確かな内容の習得，数学的な読解力の育成，言語活動の充実など多くのことが求められています。

◆算数の授業は，問題解決型学習で進められることが基本ですが，新しい要望に応え，子どもたちに確かな算数力を培っていくためには，大胆な授業改善が必要です。

◆私は，長年の教育界の動向に触れながら地道に現場実践を積んできました。その間，教育界は次のように揺れ動きました。
　「教育の現代化」（新しい時代にふさわしい内容を学ばせる）
　「ゆとりと充実」（ゆとりある活動を通して人間性を回復する）
　「新しい学力観」（自ら考え，自ら判断，表現，行動できる力）
　「生きる力の育成」（ゆとりある生活と総合的な学習で生きる力を）
　「基礎基本の重視」（確かな内容習得，社会的な規範の育成）等々

◆40年間の揺れ動きの中で，子どもたちに本物の「生きる力」を付けるとは，どんなことか，何を一番大切にしなければならないのか。
　子どもたちと共に現場実践を通して，確かめてきました。

◆その結果，小学校教育で一番大切なことは，**「基本充実学習」**にあるという結論に至りました。

算数科における「基本充実学習」のモデル図
―ミニサイクル方式―

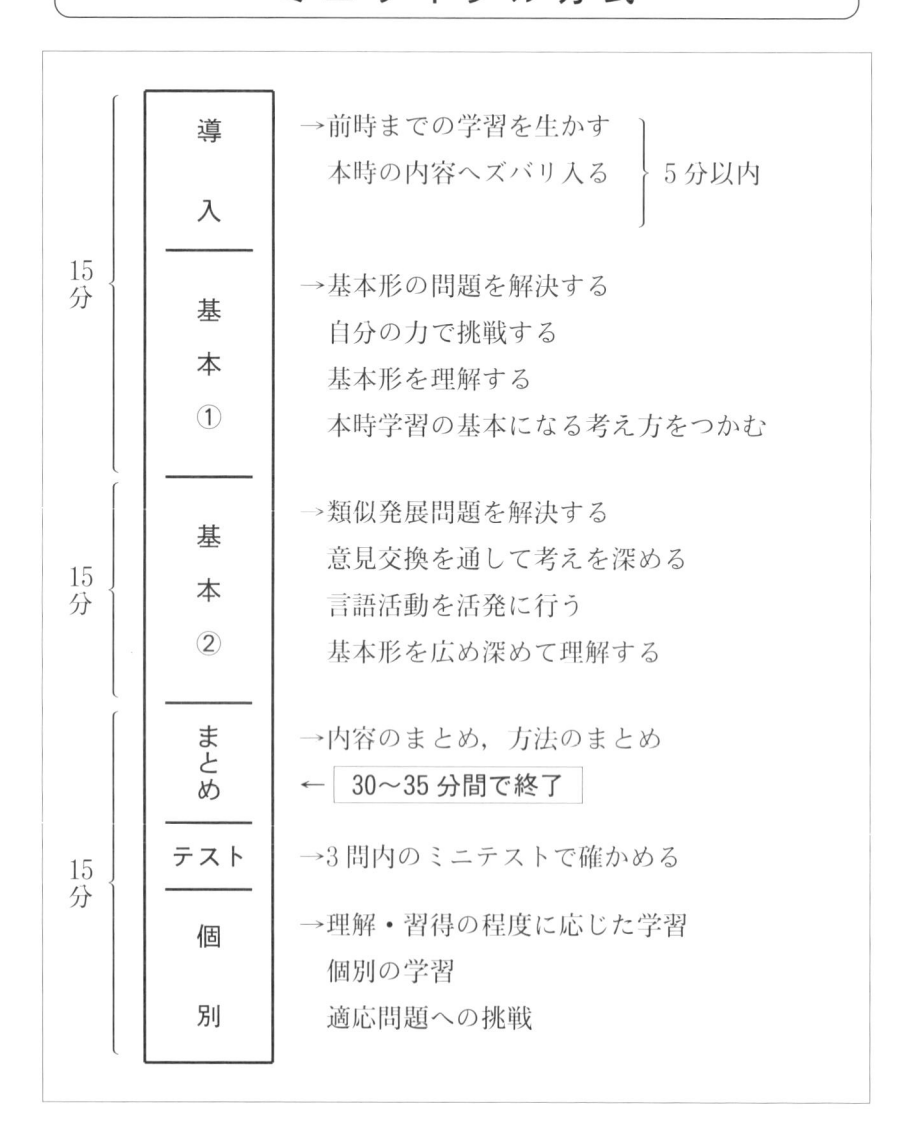

15分	導入	→前時までの学習を生かす 　本時の内容へズバリ入る　　5分以内
	基本①	→基本形の問題を解決する 　自分の力で挑戦する 　基本形を理解する 　本時学習の基本になる考え方をつかむ
15分	基本②	→類似発展問題を解決する 　意見交換を通して考えを深める 　言語活動を活発に行う 　基本形を広め深めて理解する
15分	まとめ	→内容のまとめ，方法のまとめ ← 30～35分間で終了
	テスト	→3問内のミニテストで確かめる
	個別	→理解・習得の程度に応じた学習 　個別の学習 　適応問題への挑戦

第V章 時代に対応した新しい授業づくり

実施上の留意点

① 導入は，すっきり5分以内で行う。
② 1問解決だけで，まとめをする授業から脱皮する。
③ 「基本①」は理解型，「基本②」は解決型で進める。
④ ミニテストは，ゆさぶり問題でもよい。
⑤ 「個別」は，適応問題への挑戦でもよい。
　　しかし，問題挑戦の時間を必ず入れる。

◆確かな算数力を付ける『基本充実学習』のモデルを描き，新提言を試みました。
　算数の学力向上に威力を発揮する学習方法であると確信しています。
（40年間の実践を踏まえての提言ですから……。）
◆以下，「基本充実学習」に関して詳しく語ってみましょう。

「基本充実学習」の威力

① ミニサイクル方式で実施する。
② 確かな算数力を培うことができる。
③ 活用力を伸ばすことができる。

① ミニサイクル方式

○「基本充実学習」は，ミニサイクル方式で実施する点が重要なポイントです。
　「導入」から「基本①」までを15分間で。
　「基本②」を解決と討議を入れて15分間で。
　そして，「まとめ」・「ミニテスト」・「個別学習」を15分間で。

およその目途を15分間の3つのサイクルで展開していきます。
○15分単位で授業を展開していくと慌ただしい授業展開のように思われるでしょうね。

ところが，若手教師に試行的な授業を実施してもらったところ，慌ただしさを感じない快いテンポの授業となりました。

また，子どもたちの学習への集中度がアップしました。
○試行的な授業を通して，私たちが日々実施している授業は，子どもの学習リズムに合っていないことを改めて痛感しました。

子どもの学びのリズムは，私たちが考えるよりも速いリズムです。

快いテンポの授業に子どもたちは乗ってきます。

② 確かな算数力の育成

○「基本充実学習」は，ミニサイクル方式で展開する授業です。このようにきっぱり言い切ると，何か教え込み型の授業のように受け止められるかも知れません。
○「基本充実学習」は，決して教師の一方的な教え込み授業ではありません。

算数授業の基本である「問題解決型」の授業です。
○問題解決型の授業は，典型問題を1問だけ挑戦し，話し合い，まとめをして終了する。「1問解決・まとめ型」になりがちです。

「1問解決・まとめ型」の算数授業では，確かな力は付きません。

何としても，「1問解決・まとめ型」の授業から脱皮したいとの熱い想いから「基本充実学習」をモデル化しました。
○「基本①」の学習の場で，基本形の問題の解決を通して，考え方や解法の素地を築きます。

ただし，これまでの問題解決型の授業のように，子ども任せには展開しません。

教師の誘導的な発問や指示等を通して，問題の解決に挑戦させます。
○「基本①」で考え方や解法の素地を固めた上で，「基本②」へ進みます。「基本②」は，「基本①」の問題を広める形で提示するか，子どもたちの疑問から広めます。
　　「形を変えても使える考え方か」
　　「数を変えても同じやり方でできるか」
　　「他の解決の仕方はないのか」
　　このような問いをもとに「基本②」の問題を設定します。
○このように展開すると，「基本②」の問題は，類似発展的な問題となります。
○類似発展的な問題を自力で挑戦させます。
　　考え方や解法の素地が固まっているので，自力解決ができます。
○自力解決後に，考え方や解法をめぐって意見交換を行います。
　　類似発展的な問題の解き方はいろいろ出てきます。
　　考え方や解法の素地の活かし方が違うからです。
○いくつかの解法の意見交換を通して，算数科の言語活動を充実させ，基本形の理解を広めたり深めたりします。
○「基本②」への挑戦を通して，算数の原理や仕組み，解法の持つ意味等の深い理解へと導くことができます。
　　「基本②」の解決活動と言語活動を通しての理解の深化が，確かな「算数力」を培う基盤となります。

③　活用力への伸展

○「基本充実学習」に欠かせないのは，「個別学習」の挿入です。
　　これまでの算数学習は，「まとめ」の段階まで到達するのに45分間の時間をフルに費やしてきました。
　　その結果，個別に適用問題に挑戦することなしに授業が終了しました。

○「個別の挑戦学習」が欠落した授業では、確かな算数力は培えません。本時の学習で習得した考え方や解法を、他の類似問題や発展的な問題に適用し解決に挑戦してみることによって、学びが血肉化します。
○「個別の挑戦学習」は、単純適用の問題でも、やや複雑化した問題でもかまいません。
　無理に複雑化した発展問題を挑戦させる必要はありません。
　指導内容の難易度、子どもの習得状況に合わせて、問題の質をコントロールします。
○「個別の挑戦学習」には、「活用力」を伸展させていく大きな鍵が隠れています。
○活用力を高めるには本格的な「発展学習」に取り組ませる方法もあります。
　しかし、「基本の学習」で会得した考え方や解法をその場で適用したり、少し変形した問題に挑戦し活用したりすることによって、「算数の活用力」を育む素地を築くことができます。
○簡潔な言い方をすれば、「個別の挑戦学習」は、「活用力を育む学習」へつなぐ「橋渡しの学習」として位置づけられるということです。
○何度かお話してきましたが、1問だけの問題解決からまとめをして終わる授業では、算数力は育ちません。
　授業の最後にきっちりとした「個別の挑戦学習」を組み込む授業スタイルを工夫する必要があります。

◆今回、私が新提言した「基本充実学習」（ミニサイクル方式）は、確かな算数力を培う学習法の1つです。
　私の提言をもとに、「時代に対応した新しい算数の授業づくり」に果敢に挑戦されることを期待しています。
　（「基本充実学習」の試行的な実践を試みました。紙面の関係でレイ

第Ⅴ章　時代に対応した新しい授業づくり

アウトのみ紹介します。）

「基本充実学習」（ミニサイクル方式）―問題の提示例―

1．基本①

　基本形の問題を解決する。

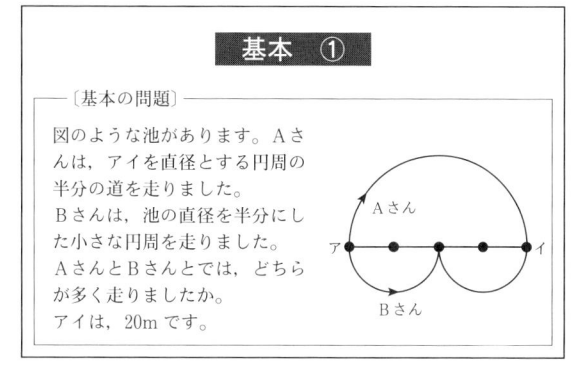

基本　①

〔基本の問題〕

図のような池があります。Aさんは、アイを直径とする円周の半分の道を走りました。
Bさんは、池の直径を半分にした小さな円周を走りました。
AさんとBさんとでは、どちらが多く走りましたか。
アイは、20mです。

2．基本②

　基本形を広め、深めて理解する。

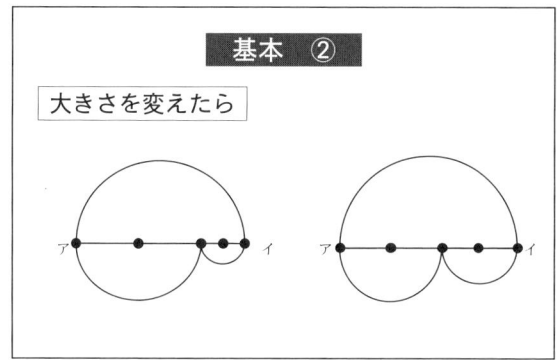

基本　②

大きさを変えたら

3．基本②―続き―

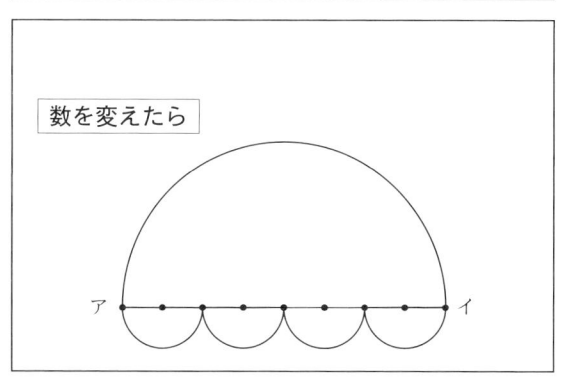

数を変えたら

4．まとめ・テスト
　内容をまとめる。
　ミニテストで確かめる。

```
┌─────────────────────────────────────┐
│　　　　まとめ　　　ミニテスト　　　　│
│                                     │
│（まとめ）半円周の長さは，大きさ，数に関係│
│　　　なく，同じ長さである。         │
│                                     │
│（ミニテスト）                       │
│　　右のような，半円で                │
│　囲まれた図形の周りの                │
│　長さを求めましょう。                │
│　　　　　　　　　　　20m　　20m     │
└─────────────────────────────────────┘
```

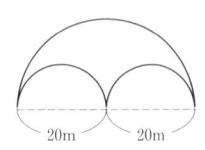

5．個別―適応A―
　適応問題に挑戦する。

```
┌─────────────────────────────────────┐
│　　　　　個別―適応A―              │
│                                     │
│・斜線部分の周りの長                  │
│　さを求めましょう。                  │
│　　　　　　　　　　　6cm            │
│　　　　　　4cm                      │
└─────────────────────────────────────┘
```

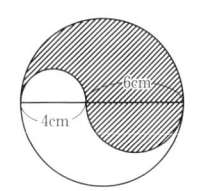

6．個別―適応B―
　基本形をさらに広め，深める。

```
┌─────────────────────────────────────┐
│　　　　　個別―適応B―              │
│                                     │
│・限りなく小さい半円にすると……？    │
│                                     │
│　　　　　　　　　⇒                  │
│　ア　　　　　　イ　　ア　　　　　　イ│
└─────────────────────────────────────┘
```

146

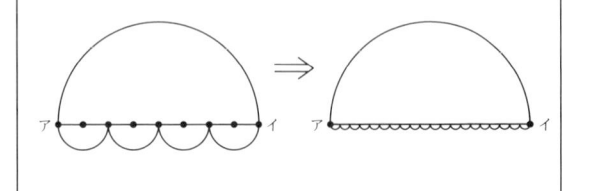

第Ⅴ章　時代に対応した新しい授業づくり

7．個別―発展―
　　発展問題に挑戦する。

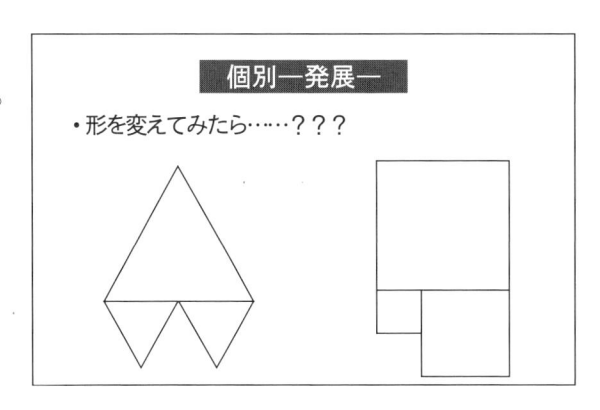

　　　　　　個別―発展―
　　・形を変えてみたら……？？？

議論に燃える子ども

147

あ と が き

　本書の執筆に追われていたある日，ふとテレビを見ると，スポーツニュースが目に飛び込んできました。
　スポーツニュースというと「なでしこジャパン」のことばかりでしたが……。

　プロ野球セ・リーグの最終期の戦い。
　中日を牽引してきた「名将・落合監督が今季限りで退任する」とのニュースが流れました。
　これまで，セ・リーグ1位を走っていたヤクルト。これを追っていた中日ドラゴンズ。
　「ゲーム差10」。
　ところが，アッという間に順位が入れ替わり，「中日が1位」に躍り出てきました。

　ヤクルトとの直接対決でも連勝し，ついにトップを維持。
　「こんなことあるの！」とびっくり。
　どうしてこんなに勝ちが続くの？
　テレビのインタビューでの選手の声。
　「落合監督が退任する」
　「最後の花道を飾ってあげるのが，これまでの恩返し」
　「どんなことがあっても勝たなきゃいかんのです」
　堂々と答える選手たち。ぐっと熱いものを感じました。

あとがき

　試合中の落合監督。テレビで見る限りでは，全くの無表情。
　どこに選手を燃えさせる魅力が隠されているのか……。
　人間，「よし，ここで！」というものを持つと，やる気がわいてくるようですね。

　教師の構えにも同じようなものを感じます。
　日々の実践活動を気軽に送っていると，「気軽ペース」に見事にはまってしまいます。
　ところが，「よし，今度の授業こそは！」と奮起すると，どこからか不思議なエネルギーがわき出し，教材研究にも真剣味が出てきます。
　授業を工夫するアイディアも次々とわいてきます。
　「授業の達人」と言われている人は，心のどこかで「よし，今度は！」という熱いものを持ち続け，日々の実践に真剣に取り組んでこられたのでしょう。

　「授業がうまい！」と言われることは，教師にとって最高に嬉しい言葉です。
　本書が，「よし，授業のうまい教師になろう！」と一念発起するきっかけになればと念じています。

　平成23年10月

　　　　　　　　　　わいわいハウス塾長
　　　　　　　　　　学力向上コンサルタント　山　本　昌　猷

●著者紹介

山本昌猷
1942年11月　生まれる
1966年4月　石川県向田小学校勤務
1971年4月　石川県鳥屋小学校勤務
　（この間，金沢大学へ2回の内地留学。教育方法，数学教育を専攻）
1988年4月　石川県能登部小学校教頭
1993年4月　石川県御祖小学校校長
1997年4月　石川県鳥屋小学校校長
1998年10月　中日教育賞受賞
2003年3月　定年退職
2004年7月　「教師の交流館・わいわいハウス」開設
2006年12月　『授業を支え，学力を築く学級づくりの秘訣』（黎明書房）出版
2007月6月　『これからの親学　プラスパワーの子育て』（黎明書房）出版
2008年2月　『教師力を高め，高い学力を築く教科経営力』（黎明書房）出版
2011年4月　『山本昌猷の「学びの技」を育てる学級づくりの知恵と技』（黎明書房）出版
2011年5月　『山本昌猷のこうすればうまくいく授業づくりの知恵と技』（黎明書房）出版
現　在　わいわいハウス塾長として若手教師の育成に取り組んでいる。
　　　　「学力向上コンサルタント」として各学校の研究助言活動も行っている。
　　　　各種団体主催の講演会講師としても活躍中。

子どもの考えを引き出す山本昌猷の算数の授業の作り方

2012年2月10日　初版発行

著　者	山　本　昌　猷	
発行者	武　馬　久仁裕	
印　刷	株式会社　一誠社	
製　本	協栄製本工業株式会社	

発行所　株式会社　黎明書房

〒460-0002　名古屋市中区丸の内3-6-27 EBSビル　☎052-962-3045
　　　　　　振替・00880-1-59001　FAX052-951-9065
〒101-0051　東京連絡所・千代田区神田神保町1-32-2 南部ビル302号
　　　　　　☎03-3268-3470

落丁本・乱丁本はお取替します。　　　　　　　　　ISBN 978-4-654-00273-3
　　©M. Yamamoto 2012, Printed in Japan

山本昌猷の「学びの技」を育てる学級づくりの知恵と技
山本昌猷著　A5／157頁　1800円
達人教師・山本昌猷の知恵と技①／40年間の実践を通して著者が獲得した，大学の教職課程で学ばない「学級づくりの知恵と技」を紹介。学級づくりの3つのポイント／基礎的な学習技能の習得／他。

山本昌猷のこうすればうまくいく授業づくりの知恵と技
山本昌猷著　A5／188頁　2100円
達人教師・山本昌猷の知恵と技②／ベテラン教師のすばらしい授業を裏で支える知恵と技をおしげもなく公開。授業構成の2つの軸／発問の基本／誤答の活かし方／授業を振り返る内観法／他。

教師力を高め，高い学力を築く教科経営力
山本昌猷著　A5／148頁　1800円
統一性のある筋道のはっきりした学習活動により，効果的に学力の向上を目指す教科経営のあり方を，小学校算数の指導事例をもとに詳説。すごい実践の裏には「教科経営の技」がある／他。

授業を支え，学力を築く学級づくりのづくりの秘訣
山本昌猷著　A5／172頁　1800円
「子どもを伸ばす原点は，学級づくりにある」学級づくりに全神経を注いできた著者の「プラスパワー貯金」などの子どもの伸びる学級づくりの秘訣を，具体的に紹介。

これからの親学―プラスパワーの子育て―
山本昌猷著　四六／143頁　1600円
40年の教職経験によって導き出された，輝きながら自ら伸びていく子どもを育てる，子育て「黄金の秘訣」を伝授。タイミングをとらえて誘いかける／最後まで本人にさせる／他。

子どもの心をゆさぶる多賀一郎の国語の授業の作り方
多賀一郎著　A5／134頁　1700円
シリーズ・教育の達人に学ぶ①／教材研究の仕方や，発問，板書の仕方など，子どもの目がきらきら輝く国語の授業の作り方を詳説。また，本を使った学級教育のあり方も紹介。

教室に笑顔があふれる中村健一の安心感のある学級づくり
中村健一著　A5／158頁　1800円
シリーズ・教育の達人に学ぶ②／子どもたちの心をつかみ，笑顔あふれる学級をつくる方法を伝授。必ずうまくいく「お笑い」「フォロー」「厳しく叱る」の中村式学級づくり。

表示価格は本体価格です。別途消費税がかかります。

算数の授業で教えてはいけないこと，教えなくてはいけないこと
正木孝昌著　A5／184頁　2000円

子どもの「～してみたい」の「たい」を引き出し，筆算，九九，分数，図形，速さ，グラフ等，算数の力をどんどん付ける授業の仕方を紹介。読み出したらやめられない，感動と驚きの正木算数ワールドへご招待。

人気教師の算数・理科の仕事術46
正木孝昌・和泉良司著　A5／103頁　1700円

子どもの興味と理解が見る見る深まる計算練習のさせ方や観察・実験の方法などを，イラストを交えてわかりやすく紹介。学習指導や授業にすぐ使える。楽しい九九の練習／実験をする前に／他。

基礎学力を養う算数クイズ＆パズル＆ゲーム（全3巻）
中山理他著　A5／179～183頁　各1700円

低学年・中学年・高学年／楽しみながら，算数の基礎が理解でき，数学的な思考力が身につく。算数のセンスがアップする傑作問題を収録。『子どもの喜ぶ算数クイズ＆パズル＆ゲーム（全3巻）』改題・大判化。

コピーして使える 楽しい算数クイズ＆パズル＆ゲーム（全3巻）
中山理他著　B5／各112頁　各1500円

低学年・中学年・高学年／名門私立小学校の現職教諭陣が執筆した，基礎学力をつけ，柔軟な思考力をのばす愉快な問題。ファックス教材に最適！　15を　つくろう（3口のたし算）／どろぼうの金庫破り（整数）／他。

若い教師に伝える仲田紀夫の算数・数学授業術
仲田紀夫著　A5／159頁　1800円

60年間の"良い授業"追求史／算数・数学を例に，学校教育のすべてに共通な『授業術』を，痛快かつ愉快なエピソードを交えて語る21話。"板書"にこだわることは大切！／他。

"疑問"に即座に答える算数・数学学習小事（辞）典
仲田紀夫著　A5／146頁　1800円

わからないこと，知りたいことは，博覧強記の数学者・仲田紀夫先生に聞こう。充実の索引で目的の数学用語がすぐに引け，しかも興味深い問や数学史上のエピソードなど読んで楽しい小事（辞）典。

恥ずかしくて聞けない数学64の疑問
仲田紀夫著　A5／168頁　1800円

疑問の64（無視）は，後悔のもと！／「(−)×(−)は，なぜ(＋)か？」「分数の割算は，どうしてひっくり返すのか？」などの数学上の疑問に道志洋数学博士が答える。

表示価格は本体価格です。別途消費税がかかります。